이병한의 테크노-차이나 탐문

이병한의 테크노-차이나 탐문

초판 1쇄 발행 2025년 11월 5일

지은이 이병한
펴낸이 이영선
책임편집 김선정

편집 이일규 김선정 김문정 김종훈 이민재 이현정 조유진
디자인 김회량 위수연
독자본부 김일신 손미경 정혜영 김연수 김민수 박정래 김인환

펴낸곳 서해문집 | 출판등록 1989년 3월 16일(제406-2005-000047호)
주소 경기도 파주시 광인사길 217(파주출판도시)
전화 (031)955-7470 | 팩스 (031)955-7469
홈페이지 www.booksea.co.kr | 이메일 shmj21@hanmail.net

ⓒ 이병한, 2025
ISBN 979-11-94413-70-7 03910

이병한의
테크노-차이나
탐문

이병한 지음

서해문집

차례

다시 쓰는 서문_ 화려한 공산주의가 온다 · 9
21세기의 공산주의자들
중화 미래주의: 새 하늘, 새 땅
중국 표준 2035: AI 신문명 창조

프롤로그_ 테크노-차이나의 귀환 · 49
입춘, 두 개의 올림픽 사이
하늘 밖에 또 다른 하늘
미래기술의 최첨단: 스페이스, 바이오, (그린)어스, 디지털

1장   스페이스 차이나

우주 기술, 혁명에서 혁신으로 · 65
대장정과 대항해: 달 탐사선 항아, 우주정거장 천궁
우주몽과 우주망: 위성 항법에서 기상 예측까지

코스모-사피엔스, 바이오-스페이스 · 80
우주의 날, 우주법, 우주 계획 2050
뉴 스페이스 뉴 비즈니스, 우주 스타트업
코스모-사피엔스, 공생자 행성에서 공생자 우주로

2장 바이오 차이나

생명공학의 최전선 · 95
뉴 노멀, 추격자 국가에서 선도국가로
바이오 붐, 신약 개발에서 유전자 분석 정밀의료까지
뉴 바이오, 질병 극복을 넘어 인공생명으로

인위자연, 인공진화 · 111
인공모기: 전염병 예방의 게임 체인저
인조인간: 맞춤 의학과 크리스퍼 베이비
인공진화: 생명을 디지털로 디자인하기

3장 그린 차이나

지속 가능한 지구와 그린 에너지 · 131
어스 테크, 에너지 믹스
전생 에너지: 발전소의 혁신
재생 에너지: 지하 자원에서 천상 자원으로
신생 에너지: 포스트-태양광 시대

그린 거버넌스, 그린 테크노크라시 • 146

미려 중국: 청정 에너지에서 기후 엔지니어링까지

그린 거버넌스: 권위주의와 환경주의

그린 테크노크라시: 전 지구적 생태 문명 건설을 위하여

4장 디지털 차이나

자율의 세기, 디지털 문명의 낯선 신세계 • 167

신상태, 디지털 금융에서 라이브 커머스까지

2020 디지털의 대전환, 스타트업의 대폭발

2035 디지털 경제, 디지털 사회, 디지털 정부

기축통화의 패권 경쟁, 글로벌 디지털 화폐

디지털 실크로드, 실리콘 시티로드 • 190

실크, 실버, 실리콘

스마트시티 네트워크: 시티브레인, 넷시티, 스마트-그린 시티

디지털 시티로드, 새로운 제국의 탄생

에필로그_ 디지털 동방, 테콜로지의 시대 · 209
인해전술: 데이터의 바다
테콜로지: 탈노동의 신새벽, 디지털 원시사회
디지털 동방: 무위자치, 천하위공

참고문헌 · 227

일러두기
- 이 책의 인명·지명 등 고유명사는 국립국어연구원 외래어 표기법에 준했으나, 일부는 통용 표기를 따랐습니다.
- 중국 고유명사의 한자 병기는 번체자로 표기했습니다.

다시 쓰는 서문

화려한 공산주의가 온다

21세기의 공산주의자들

지나간 것에 연연하지 않는다. 이미 펴낸 책을 다시 펼쳐보는 일도 좀처럼 드물다. 집필할 때는 홀린 듯 몰두하지만, 출간하고 나면 훌훌 털어버린다. 아쉬움을 삼키며 돌이켜보는 시간만큼 아까운 시간이 없다고 여긴다. 시선은 늘 다가올 일에 가닿아 있는 편이다. 그러함에도 유독 아픈 손가락이 있었다. 바로 이 책이다. 본디 3년 전에 출판했다. 한·중 수교 30주년을 맞이하는 2022년에 맞춤하여 출간한 것이다. 한때는 나도 중국 전문가, 동아시아 학자로 출발했기에 내 나름으로 그해를 기념하고 싶었다.

당시 한국의 중국론에 대한 불만도 없지 않았다. 인문학과 사회과학에 근거한 중국 담론이 갈수록 실효성을 잃어간다고 여겼다. 오늘의 중국을 정확하게 이해하고 내일의 중국을 정밀하게 전망하기 위해서는 필히 중국의 과학기술 동향을 면밀히 파악해야 한다고 판단했다. 하지만 너무 일렀던 걸까. 코로나 팬데믹을 거치며 반중과 혐중의 정서는 더욱 짙어졌고, 사람들의 왕래마저 뜸해지면서 중국의 변화에 대한 실감은 더더욱 옅어졌다. 그 현저한 낙차 속에서 시진핑 실각설 같은 괴소문이 범람하고 가짜 뉴스가 횡행했다.

그나마 최근에는 '중국은 공대, 한국은 의대' 현상을 우려하는 방송 프로그램이 크게 화제가 되었다. 미국과 한국 등의 과학기술 석학과 인재들을 중국이 블랙홀처럼 빨아들이고 있는 실상도 제법 알려지게 되었다. 세계 최고의 이공계 대학 순위에서도 중국은 차이 나는 클래스를 과시하고 있다. 급기야 〈조선일보〉마저도 중국의 성취와 공산당의 위업을 수긍하는 사설을 연달아 발표했을 정도다. 이제야 때가 무르익은 것이 아닐까, 묵은 책을 보완하고 보강하여 개정증보판을 내고 싶은 마음이 일어난 것이다. 그간 출간한 열 권의 책 가운데 처음으로 되새김질을 하며 애프터 서비스를 제공한다.

시진핑 실각설이 가소로운 까닭은 현재 중국은 일종의 거국일치 체제를 이룬 탓이다. 국가 비상 상태와 준(準)전시 상황, 미국과의 패권전쟁에 총력전 태세를 갖추었다. 2049년까지 아무도 흔들지 못하는 나라가 되겠다는 목표가 확고하다. 건국 100주년을 기해 기필코 '중화인민 기술공화국'을 완수하고 완성해내려고 한다. 농업 문명의 최강자로 군림하다 산업 문명으로의 대전환에는 뒤처졌지만, 디지털 문명으로의 대약진에서는 선두 자리를 탈환하겠다는 열망이 타오르고 열정이 차고 넘친다. 당과 인민이 민족 중흥의 역사적 사명을 위해, 조국 혁신의 무궁한 영광을 위해 애국주의로 대동단결, 합심해 있는 것이다. 시진핑 일인의 안위도, 공산당 일당의 권위도 그 범국가적 목표 달성의 부속물일 뿐이다. 하기에 적어도 2049년까지 중국공산당의 정당성 위기는 좀처럼 쉬이 일어나지 않을 것이다. 다시 넘버 원, 세계의 으뜸 국가로 복귀한 이후에야 중국 인민들 또한 일인의 장기 집권에 이의를 제기하거나 공산당의 대안을 찬찬히 생각해볼지 모른다.

실로 3년은 너무 길다. 과학기술의 초가속적 변화에 1000일은 정말로 기나긴 기간이었다. 그 천금 같은 시간에 연구개발(R&D) 예산을 대폭 축소했으니 참으로 통탄할 노릇이다. 챗GPT 모멘트, 생성형 AI가 등장한 것도 2022년 11월이다. 3년 사이에 AI 시대로의 대전환이 파죽지세로, 파상공세로 전개되었다. 일일신 우일신(日日新又日新), AI 서비스가 일상 깊숙이 스며들었다.

나도 3년 전에는 중국어와 영어는 기본이요, 일본과 러시아에서 간행된 자료까지 섭렵하면서 책을 썼다. 하지만 이제는 AI를 통해 최신의 지식과 만국의 정보를 너무나도 편하게 접수할 수 있게 되었다. 그토록 많은 시간과 비용을 들여 다양한 외국어를 배워 왔던 지나간 세월이 억울하고 허탈할 정도다. 무엇이든 물어보세요, 척 하면 척 하고 대답을 생성해내는 AI와 즐겁게 노닐고 있노라면 과연 앞으로 더 책을 내야 할 필요가 있을까 하는 생각마저 들 정도다. 연구하고 조사해서 원고를 쓰고 편집을 거쳐 출간에 이르기까지, 인풋과 아웃풋 사이에 수개월에서 수년이 소요되는 과정이 번잡하게 느껴지는 것이다. 정녕 3년은 너무나 긴 것이다.

인쇄술과 인터넷 이래 가장 파괴적인 지식 생산의 혁신 속에서 세계 증시의 시가총액 1위로 급부상한 기업이 엔비디아(Nvidia)다. GPT를 돌리는 GPU와 AI 반도체 칩을 생산하는 독점적 지위를 누리고 있다. 게임 산업으로 줄발한 엔비디아가 AI 시대의 게임 체인저로 등극한 것이다. 바로 그 엔비디아의 CEO, 젠슨 황(1963년생)의 행보가 영 심상치 않았다. 2025년 1월 20일, 젠슨 황은 트럼프 대통령의 두 번째 취임식에 참석하지 않았다. 메타(Meta), 애플(Apple), 구글(Google), 아마존(Amazon) 등 빅테크의 수장들이 맨 앞줄에 도열해 '마가(MAGA) 2.0'을 연출하고 있을 때, 정작 그는 워싱턴이 아니라 태평양을 건너 베이징으로 향했던 것이다.

젠슨 황은 동방의 봄, 춘절 행사에 참석해 춤사위를 선보였다. 의상도 바뀌었다. 자신의 상징과도 같은 검은 가죽재킷을 벗어 던지고, 중국의 전통 복장인 당복(唐服)으로 단아하게 갈아입었다. 영어가 아니라 중국어로 소통했으며, 화웨이(華爲) 매장을 방문해 감탄사를 연발하고, 휴머노이드 로봇 기업 유니트리(Unitree)의 CEO인 왕싱싱(王興興, 1990년생)과도 어울리며 사진을 찍었다. 연초에 라스베이거스에서 열린 세계 최대의 IT 가전 박람회 'CES 2025'에서 '물리(Physical) AI 시대'를 선포했던 그로서도 중국은 도저히 포기할 수 없는 시장이었던 것이다. 아니, 세계 최대의 자율차 시장이자 세계 최대의 로봇 시장인 중국이야말로 엔비디아의 장래가 걸린 사활적인 장소였다. 집집마다 곳곳마다 것것마다 AI 칩이 삽입되는 무궁무진의 무한한 미래가 열리고 있었다. 4년짜리 미국 대통령보다 14억 중국 인민이 더 중요했던 것이다.

　나아가 혹여나 미국의 기술 봉쇄가 중국의 기술 자립도를 높이지는 않을까 노심초사했다. 사양이 낮은 엔비디아의 칩이라도 중국에 지속적으로 공급해 중국이 자체적인 대안을 개발하지 못하도록 하는 편이 차라리 노련한 전략이라고 여겼다. 과연 그의 촉과 감은 틀리지 않았으니, 하필이면 그가 중국을 방문했던 그 무렵에 워싱턴과 베이징을 동시에 놀래킨 사건이 항저우에서 일어난다. 중국의 생성형 AI 서비스, 딥시크(DeepSeek, 深度求索)가 출격한 날도 바로 1월 20일이었던 것이다.

천정부지로 치솟던 엔비디아의 주가가 삽시간에 폭락했다. 불길한 예감은 틀리지 않는다. 우려하던 바가 현실이 되었다. 결핍이 혁신을 촉발했다. 미국의 제재로 충분한 반도체를 확보할 수 없었던 환경이 도리어 비용과 자원을 줄이기 위한 기술 혁신을 유도한 것이다. 미국 수준의 고성능 반도체도, 대규모 데이터센터도 부족했기에 오히려 딥시크 같은 창의적인 기술이 나올 수 있었다. 일찍이 실리콘밸리의 교주 스티브 잡스의 역사적인 연설 "Stay Hungry, Stay Foolish"(늘 갈망하라, 우직하게 나아가라)처럼, 우직한 헝그리 정신의 발로이자 구현이었던 것이다. 이가 없으면 잇몸으로 대처한다. 미국의 조야에 정책이 있다면, 중국의 재야에는 방책이 있다.

딥시크의 딥쇼크는 비용의 저렴함이나 성능의 우수함이라는 기술적 차원에 그치지 않는다. 미국과 중국의 차이, 사상적 방향성이 관건이다. 딥시크 R-1의 출시는 거대한 데이터센터와 방대한 클라우드를 전제로 한 집중형/폐쇄형 AI 모델을 돌파해낸 것이었다. 즉 거대 대기업의 독과점적 전유물이 아니라, 모든 사람이 동참해서 성능을 개선할 수 있는 참여민주를 시현하고 인민민주를 실현하는 제1보였던 것이다. 딥시크가 선보인 오픈소스 AI 모델이 확산된다면 개발자는 상업용과 연구용을 가리지 않고 자유롭게 활용하고, 다양한 아이디어와 니즈에 맞춰 개량할 수 있다. 즉 오픈AI가 닫혀 있고, 딥시크가 열려 있다. 미국 기업이 폐쇄적이고, 중국 기업이 개방적이다. 미국 AI가 집중적이고, 중국 AI가 분산적이다. 테크노-봉건주의와 기술-공산주의가 충돌하는 '사상전'이기도 한 것이다.

공산주의 국가의 분산형 AI 모델을 떠받치는 기반 기술이 딥 스파크(Deep Spark)다. 딥 스파크는 복수의 노드에 계산을 분산시켜 AI의 학습과 추론을 효율화한다. 본디 계산 처리가 분산되면 노드 간 데이터 통신과 동기화 지연이 발생해 효율이 떨어진다. 이 분산 처리를 최적화하기 위해 딥 스파크는 적시적소, 필요한 때 필요한 만큼의 계산 자원을 필요한 곳으로 자동 할당하는 시스템을 구현해냈다. 각 노드의 처리 능력과 부하를 실시간으로 분석해 최적의 자원을 배분함으로써 계산 효율을 최대화하는 것이다. 학습 시간은 단축되고, 추론의 응답 속도는 향상된다. 딥시크와 딥 스파크의 결합, 공산과 분산의 융합으로 AI 사용 비용을 절감하고 효율적으로 AI를 활용할 수 있다. 클라우드형 AI와 비교해 한층 폭넓은 환경에서 AI를 도입할 수 있는 'AI의 민주화'가 진척되는 것이다. 누구나 AI, 모두의 AI, 인민민주형 AI로 진일보한 것이다.

그 딥시크의 수장이 1985년생 량원펑(梁文鋒)이다. 흥미롭게도 오픈AI의 CEO인 새뮤얼 올트먼과 동갑내기다. 이력에서도 흡사한 점이 있다. 올트먼은 오픈AI를 창업하기 전에 스타트업 액셀

러레이터(스타트업을 지원하는 컨설팅 기관)인 Y컴비네이터(Y Combinator)를 이끌었다. 투자자에서 창업가로 변신한 것이다. 량원펑 역시 퀀트헤지펀드(AI와 알고리즘을 이용해 자동으로 분산 매매하는 투자펀드) 회사인 환팡퀀트(幻方量化)로 출발했다. 환팡퀀트가 딥시크의 모회사다. 즉 20세기의 공산주의자들이 투쟁을 했다면, 21세기의 공산주의자들은 투자를 한다. 산업 문명의 코뮤니스트들이 프로파간다에 능란했다면, 디지털 문명의 코뮤니스트들은 프로그래밍에 능숙하다. 즉 량원펑이야말로 21세기를 주름잡고 있는 화려한 공산주의자의 상징과도 같은 인물이다. 그가 AI를 개발하는 이유 또한 분산과 공산의 가치에 부합한다. 중국의 시골 마을에 사는 아이와 노인까지도 AI를 사용할 수 있도록 만들고 싶기 때문이다.

저가 쇼핑의 상징이 된 테무(Temu)의 황정(黃崢, 1980년생) 또한 가난한 농민의 인터넷 시대를 위해 이커머스를 창업했다고 밝힌 바 있다. 구글 엔지니어 출신으로 첨단 과학기술과 디지털 산업에 대한 이해가 깊은 반면으로, 무산계급을 위한 사회적 사명에 기반해 창업하고 공산주의 윤리를 추구하는 것이다. 한때 구글의 모토였던 "Don't be Evil"(악마가 되지 말라)은 회사의 강령에서 삭제되었지만, 그 정신은 중국으로 토양을 옮겨와 지속되고 있는 것이다.

이 신세기의 신세대, 신공산주의자들은 미국이 주도한 글로벌 스탠더드에 익숙하면서도 일방으로 추종하지 않는다. 미국의 주식 시장에 투자해 개개인의 자산을 늘리는 것만으로는 족할 수 없는 범상치 않은 족속이다. 도리어 추격하고 추월하고 초월하려고 한다. 미국을 능가하겠다는 투지와 애국심으로 눈빛이 이글거리고, 공산주의 이념과 이상에 대한 헌신에도 투철하다. 중국은 매년 600만 명의 이공계 인재가 사회로 진출하고 있다. 그중 '21세기형 공산주의자'들이 0.01퍼센트만 있어도 한 해 600명꼴이다. 10년이면 6000명을 헤아리게 된다. 장차 량원펑 같은 21세기형 공산주의자들이, 초일류 천재들이 우후죽순 쏟아져 나올 것임이 자명하다고 하겠다.

    나 또한 오랜만에 항저우를 재차 방문하지 않을 수 없었다. 이번으로 세 번째였다. 처음은 2007년 2월이었다. 장쩌민을 비롯해 중국공산당 내 상하이방 세력의 거점이었던 상하이자오퉁대학교 대학원에서 미·중 관계와 동아시아 국제질서를 공부하던 시절이다. 봄기운이 여릿한, 안개 낀 아침의 서호(西湖)를 산책했다. 절로 시 한 수를 읊어야 할 것 같은 절경 속으로 빨려 들어가 강남문화의 정수를 음미했다. 2019년에는 상하이 임시정부 100돌을 기해서 국제회의를 기획하고 발표자로 참여했다. 3·1운동과 5·4운동이 인도와 터키 등 유라시아 전역에 미친 세계사적 의미를 회고했다. 내친김에 초고속 열차를 타고 이웃 도시 항저우까지 들렀다. 당시만 해도 중국의 빅테크 알리바바(Alibaba)가 저장성의 성도인 항저우를 대표하는 기업이었다. 아직은 어설프게 작동했던 휴머노이드 로봇이 서비스를 제공하는 무인 호텔에서 묵어보기도 했다. 마르코 폴로가 《동방견문록》에서 세상에서 가장 아름답다고 칭송했던 이 도시의 인터넷/모바일 서비스가 일대일로(一帶一路)*를 타고 동남아시아로, 중동으로, 아프리카로 확산되고 있음을 확인할 수 있었다. 왕년의 실크로드가 실리콘 로드로 진화하게 될 미래를 어렴풋이나마 짐작해볼 수 있었다.

    2025년에는 단연 저장대학교와 '항저우 6소룡'이 화제였다. 중국 AI의 메카인 항저우에는 딥시크만 있는 게 아니다. 로봇, 게임, 뇌-컴퓨터 인터페이스(Brain-Computer Interface, BCI) 개발에서도 세계적인 수준의 기업인 6룡이 등장했다. 창업자들 대부분이 1979년 개혁개방 이후에 태어난 젊은 세대다. 1980년대에 대학을 다녔던 세대가 아니라 1980년대에 태어난 이들이 중국의 미래를 이끌어간다. 틱톡(TikToc)을 개발한 바이트댄스(ByteDance, 字節跳動)의 창업자 장이밍(張一鳴, 1983년생), 세계 최고의 드론 기업

---

*   2013년 시진핑 주석이 제창한 중국의 신(新)실크로드 전략 구상으로, 2049년까지 '하나의 띠'(육상)와 '하나의 길'(해상)로 아시아-아프리카-유럽을 잇는 광대한 경제권을 구축한다는 계획이다. 영어로는 'One Belt One Road' 또는 'Belt and Road Initiative'로 표현한다.

DJI(Da Jiang Innovation, 大疆創新)의 왕타오(汪滔, 1980년생) 등이 대표적이다. 이 3040이 테크노-차이나의 혁신을 선도해가고, 21세기에 태어난 1020은 량원펑의 모교인 저장대학교를 탐방하려 줄을 서고 있다. '창업가형 공산주의' 정신에 불을 지핀 것이다. 바람직한 공산주의 인간의 모델이, 구질서를 타파하는 혁명가에서 신질서를 창안하는 기업가로 변모한 것이다.

실제로 중국 본토에 등장한 AI 스타트업만 4000개를 훌쩍 넘어섰다고 한다. 흡사 1960년대 아폴로 우주 프로젝트를 성공시켰던 미국, 1990년대 닷컴 버블 때의 실리콘밸리를 연상시키는 결기와 패기와 열기와 혈기가 항저우 일대에 만연한 것이다. 새로운 천년, 이제는 중국 일등이 다시 세계 일등이 될 수 있는 신시대가 활짝 열리고 있다. 봄꽃이 흐드러지게 피어난 4월이었지만, 분위기만큼은 후끈 달아오른 한여름인 양했다.

민간이 혁신하면 공공은 쇄신한다. 창업가들이 창조하면 지도자들은 지휘한다. 딥시크 출격 두어 달 후, 2025년 3월에 열린 양회('전국인민대표대회'와 '중국인민정치협상회의'의 통칭)에서는 'AI+' 정책이 발표되었다. 중앙정부, 국영기업, 지방정부, 민영기업, 대학 및 연구기관 등 모두가 AI 생태계의 파트너로 참여하게 된다. 14억 인구에 딥시크가 깊숙하게 포개지는, 거대한 인공지능 생태계를 만들어가는 것이다. 그중에서도 백미는 도시 행정에 AI를 도입하는 것이다. 'AI 제조'나 'AI 국방' 등은 미국에서도 중국 못지않게 활발히 진행 중이다. 그러나 중국 AI 전략의 가장 큰 특징은 거버넌스 혁신이다. 마치 개혁개방기에 일군의 경제특구를 만들어 '사회주의 시장경제'라는 전대미문의 좌/우 합작 시스템을 창출했던 것처럼, 인민민주주의에 인공민주주의를 결합한 AI형 신민주주의(AIcracy), 데이터크라시(Datacracy)를 본격적으로 테스트하기 시작한 것이다.

양회 이후 전국에서 72개의 시 정부가 경쟁적으로 딥시크를 도입했다. 지난날 종이 문서 중심으로 작동했던 정부의 환경은 점차 AI와 빅데이터에 기반한 예측 가능 시스템으로 전환되고 있다. 응당 AI가 장착된 행정 서비스는 24시간 중단 없이 운영되며, 인민들과 정부 간에 실시간 커뮤니케이션을 돕는다. 다시 말해 도시 자체가 인간과 흡사한 지능, 아니 인간들의 단순 합을 능가하는 수준의 초지능을 탑재한 유기체로 진화하는 것이다.

AI 시티는 더 이상 단순히 거주하고 생활하고 일하는 물리적 공간에 그치지 않는다. 이제 데이터가 공기처럼 흘러 다니고 지능이 전기처럼 보급되면서 도시 자체가 유사 생명체가 된다. 즉 도시는 이제 스스로 인식하고 사고하고 판단하고 행동할 수 있는 인지형 공간이 되고 있다. 자율차나 로봇 같은 개별 사물이 아니라 '미래 도시' 그 자체가 피지컬 AI의 대표적인 플랫폼이 되는 것이다. 집과 건물들이 층층이 쌓여 있는 도시야말로 하나의 칩처럼 작동하게 되는 것이다. 칩을 설계하고 제작하는 공정 과정 자체가 곧 스마트홈을 짓고 스마트시티를 만드는 작업과 직결된다.

알리바바와 함께 오랫동안 '시티브레인'(City Brain, 城市大腦)을 실험해왔던 항저우만이 아니다. 광둥성 성도인 광저우도 '디지털 광저우'를 선언했다. 지능형 빅데이터 분석 도구로 딥시크 R-1을 도입하면서 도시+정부+AI의 새로운 거버넌스 공식을 써 내려간다. 입법-사법-행정에 소요되는 시간과 절차를 대폭 줄여 완전히 자동화된 도시 거버넌스로 진일보하고 있다. 텐센트(Tencent, 騰訊)와 더불어 성장해왔던 광둥성 선전(深圳) 시에서도 딥시크를 통해 학교 행정을 혁신하고 있다. 선전 시 난산(南山) 구에 위치한 주광초등학교 학생들은 딥시크로 작동하는 스마트 스쿨로 등교한다. 스마트 인센티브 슈퍼마켓을 만들어 문해력 점수를 쌓으면 학교 코인으로 바꿔 AI 체험관 등에서 게임 활동에 참여할 수 있다. 수업 태도, 시험 점수, 운동 실력 등이 향상해도 코인을 획득할 수 있고, 화폐로 환전하는 것도 가능하다. 경제 상황에 따라 금융 서비스를 차별하는 신용등급제가 아니라, 생활의 여부에 따라 인센티브를 제공하는 중국 특색의 사회신용제를 실험하고 있는 것이다. 공산주의 이념에 디지털 기술이 장착되면서 인민들의 바람직한 행동을 유도하고 설계할 수 있는 넛지(Nudge)가 가능해진 것이다.

중국의 토착적 공산주의를 탄생시킨 마오쩌둥의 고향 후난성에서도 딥시크 바람이 불고 있다. 1930년 중국공산당의 '창사(長沙) 봉기'로 유명한 그 창사 시에서도 토착적인 도시형 애플리케이션 '창사(CS)-딥시크'를 출시한 것이다. AI 공산주의 도시로 거듭나고 있는 창사 시에서는 도시 관리와 사회서비스, 공공안전과 교통 관리, 자연재해 대처 등 시정의 거의 모든 영역을 AI 모드로 대체하고 있다.

중국은 이렇게 전국 72개의 도시를 경쟁시켜 그중 가장 탁월한 성과를 내는 AI 도시의 모델을 성(省) 단위의 규모에서도 시험해볼 것이다. 중국의 성은 웬만한 국가 규모보다 크다. 광둥성의 국내총생산(GDP)이 한국을 넘어선 지도 오래다. 그리고 최종적으로는 중화인민공화국 전체의 통치 체제에도 결부시킬 것이다. 일당제를 미국형 양당제나 유럽식 다당제로 전환하기보다는, 인민민주와 인공민주가 견제와 균형을 이루는 중국 특색의 신민주주의형 양원제 또는 다원제를 실험하는 것이다. 2025년 7월 상하이에서 열린 세계인공지능대회(WAIC)에서도 중국은 장차 AI 거버넌스의 중심지가 되겠다는 포부를 대내외에 공개적으로 천명했다. 마치 신용카드라는 중간 단계 없이 QR 코드의 모바일 결제 사회로 단박에 도약했던 것처럼, 투표와 선거라는 중간 과도기 없이 단번에 완전히 자동화된 미래형 거버넌스 사회로 이행하려는 것이다. 법치(Rule of Law)가 아니라 코드에 의한 수학적 정치(Rule of Code)로, 중화인민공화국에서 중화인민 기술공화국으로, 테크노-차이나로의 질주에 박차를 가하고 있다.

중화 미래주의: 새 하늘, 새 땅

배우고 익히는 것은 기쁜 일이지만, 기가 빨리는 일이기도 하다. 하루 종일 공부만 해도 영혼이 털리는 탈진 상태에 이른다. 밤을 새워 공부하는 것만큼 미련한 짓도 없다. 뇌의 성능이 급격히 떨어지기 때문이다. 충분한 수면이 필수적이다. 학습하고 추론하는 데 그만큼 막대한 에너지가 소모되기 때문이다. 작디작은 1.5킬로그램 인간의 두뇌가 총 에너지 소모량의 20퍼센트를 소비한다. 응당 대규모 언어모델(LLM)인 생성형 AI는 에너지 잡아먹는 하마이지 않을 수 없다. 독자적인 AI 산업 생태계를 구축해가는 중국이 전력을 다해 에너지 자립 생태계를 만들어가고 있는 까닭이다. 기술 자립과 에너지 독립이 불가분의 관계를 이루고 있는 것이다. 그래서 나날이 증가하는 에너지 수요에도 불구하고 정작 에너지 수입의 비중은 줄어들고 있다. 가령 석유 수입의 정점 또한 2024년이 될 것으로 전망된다. 2025년부터 감소 국면으로 전환되었기 때문이다. 지난 25년간 일관되게 추진해왔던 에너지 정책의 소산이다. 연료를 전기로 대체하고, 그 전기의 생산을 신재생 에너지로 충당한다는 장기적인 목표가 성과를 거두고 있는 것이다.

그 대표적인 분야가 비야디(BYD)로 상징되는 전기차 사업이다. 중국은 그간 교통과 운수 방면에서 막대한 석유를 소비해왔다. 14억 인구가 교류하고 물자가 이동하는 데 지하 자원 남용이 막심했던 것이다. 즉 중국의 전기차 산업은 자동차 산업의 패러다임 전환으로만 그치지 않는다. AI부터 에너지까지 문명 전환의 선봉에 전기차가 있는 셈이다. 2025년 양회에서도 지능형 네트워크에 기반한 신재생 에너지 차량 개발에 박차를 가할 것을 다시금 천명했다. 베이징 시는 1만 개 이상의 슈퍼 충전소를 설치하고, 평균 충전 시간 또한 15분 이내로 단축할 계획이다. 또 2035년까지 울트라 충전소를 보급해 평균 충전 시간을 8분 이내로 줄일 방침이다. 후미진 시골 마을까지도 충전 인프라를 확충하고 있다. 국가가 앞장서서 전기 인프라를 제공해주어야 민간에서도 에너지 수입 비중을 초가속적으로 줄일 수 있기 때문이다.

중국은 이미 신재생 에너지 분야에서 타의 추종을 불허하는 압도적인 선진국이다. 기후변화는 사기라는 트럼프 대통령의 미국은 석유부터 셰일가스까지 지하 자원 활용에 거리낌이 없지만, 중국은 지상 자원과 천상 자원으로의 대전환에 진심으로 임하고 있다. 2023년에 신재생 에너지가 화석연료 발전량을 넘어섰고,

2025년에는 전체 발전량의 30퍼센트를 돌파할 것으로 예상된다. 2035년까지 태양광, 풍력, 수력, 원자력을 합해 60퍼센트를 넘어서는 것이 목표다.

중국이 이미 전 세계 태양광 시장을 장악한 것은 널리 알려진 사실이고, 풍력발전 또한 세계 최대 규모다. 미국이 두 번째라고는 하지만 발전량은 중국의 10분의 1에 불과하다. 중국은 나 홀로 전 세계 풍력발전의 67퍼센트를 차지하는 '바람의 나라'가 되어가고 있다. 발전량뿐만이 아니다. 질적인 차원에서도 질주하고 있다. 2024년 기존의 풍력발전과는 전혀 다른 신기술을 선보인 것이다. 광둥성 주하이(珠海) 시에서 개최된 에어쇼의 야외 잔디밭에 우주선을 연상시키는 거대한 전시물이 등장했다. 이른바 '성층권 풍력발전' 시스템이다.

이 신기술은 헬륨으로 채운 부유체를 이용해 발전기를 성층권 고도로 끌어올린 뒤, 상층의 바람을 이용해 전기를 생산하고 케이블을 통해 지상으로 송전한다. 현재 사용되는 풍력 터빈보다 전기 생산 단가도 훨씬 낮다고 한다. 마른하늘에 날벼락, '인공번개'를 만들어내고 있는 것이다. 성층권 풍력발전이 주목받는 이유는, 하늘이 비어 있기만 하다면 장소 제약 없이 발전이 가능하다는 잠재력 때문이다. 하늘은 대류권, 성층권, 중간권, 열권 등으로 층층이 나뉘어 있다. 대류권에서 바람이 불지 않더라도 성층권으로 올라가면 풍력발전을 돌릴 수 있다. 신재생 에너지의 가장 큰 약점으로 지적되었던 간헐성의 한계를 기술적으로 돌파해낸 것이다. 앞으로는 구름이 하늘을 둥둥 떠다니며 비를 내려주듯이, 성층권 발전기가 이곳과 저곳을 주유하면서 주유소와 충전소 역할을 해낸다. 인공적인 전기구름, 일렉트릭 클라우드의 탄생이다.

신재생 에너지 자립 정책은 국토 전략과도 긴밀히 연동된다. 2022년 동수서산(東數西算) 정책을 발표한다. 산업이 집중된 동부 지역은 데이터와 컴퓨팅 수요가 많고, 신재생 에너지 발전이 활발한 서부 지역은 전력 생산이 수요를 초과한다. 동부의 데이터를 서부의 클라우드 컴퓨팅 인프라로 보내 처리하자는 것이 동수서산 정책이다. 서부 지역에 8개의 국가급 컴퓨팅 허브를 구축하고, 전국적으로 10개의 데이터센터 클러스터를 만드는 중이다. 특히 신장 위구르, 구이저우성 등 서남부의 낙후 지역에 건설을 장려하고 있다. 미래 산업의 근간 시설을 배치함으로써 지방 균형 발전도 도모하는 것이다.

동시에 서전동송(西電東送) 정책도 추진되고 있다. 서부 지역에서 생산한 신재생 에너지를 동부의 수요지로 대규모 송전하는 계획이다. 신장과 간쑤성의 풍력발전소는 북부 허베이 지역의 베이징과 톈진으로 전력을 공급한다. 윈난성과 구이저우성의 수력발전은 광둥성 같은 남부의 경제 중심지로 송전한다. 쓰촨성과 충칭 시의 수력발전도 후베이성, 후난성 등 중부 지역과 동부로 전력을 전송한다. 중국은 송전 기술도 이미 세계 최고 수준에 이르렀다. 예컨대 남서부 지역에서 생산된 수력 전력은 초고압 채널을 통해 2000킬로미터 이상 떨어진 장쑤성이나 저장성까지 거의 실시간으로 전송된다. 신장에서 충칭까지도 2000킬로미터 이상이지만 전력은 거의 즉시 도달한다. 이로써 중국은 세계 최대 규모의 신재생 에너지 발전 국가임과 동시에, 초고압 송전 네트워크를 구축한 세계 최대의 전력 공급 시스템을 보유한 국가이기도 하다.

동서만도 아니다. 남북도 있다. 동에서 서로 데이터가 흐르고, 서에서 동으로 에너지가 흐른다면, 남에서 북으로는 물길을 내고 있다. 남수북조(南水北調) 프로젝트는 남쪽의 물을 북쪽으로 끌어올리는 사업이다. 미국에 짓고 있는 AI 데이터센터의 복병도 냉각수를 공급해야 할 지하수의 고갈이다. 2025년 초 LA의 대형 산불이 상징하는바, 수자원 부족과 대기 건조화가 동시에 진행되고 있는 것이다. 중국은 남부의 풍부한 물을 건조한 북부로 공급하는 초대형 인프라 프로젝트를 추진하고 있다. 창장강(長江)과 시짱(티베트) 및 신장의 지하수를 타클라마칸 사막까지 보내려고 한다. 수나라 양제가 시작해 베이징과 항저우, 강남과 강북의 물길을 이었던 대운하 사업을 현대적으로 계승하여, 세계에서 두 번째로 크다는 타클라마칸 사막을 초록초록한 녹지로 바꾸려 드는 것이다.

2023년 11월, 타클라마칸 사막의 확산을 막기 위한 전면전을 시작했다. 우선 나무를 심어 모래의 확산을 차단했고, 태양광 설비를 설치해 사막 생태계를 변화시키고 있다. 지난날 우주에서 지구를 내려다보면 바위로 쌓아 올린 만리장성이 보였지만, 앞으로는 태양광 설비로 거대한 사막을 뒤덮어버린 에너지 만리장성이 더 눈에 띄게 될 것이다. 화성으로 이주하기 전에 지구에서부터 우리 강산 푸르게 푸르게, 테라포밍(행성 개조)을 실험하는 셈이다.

과연 중국의 과학자들은 이 사막에다 비닐하우스를 세우고 쌀농사를 짓는 데 성공했다. 타클라마칸 사막 가장자리의 대규모 밭에다 염분에 강한 쌀 품종을 심었다. 다른 지역에서 재배한 염분 내성 쌀보다 훨씬 더 높은 수확량을 기록했다고 한다. 재배 기간도 전통적인 쌀보다 절반가량 줄었다고 한다. 이는 식량 생산이 가능한 지역을 확대하려는 국가전략의 일환이기도 하다. 허허벌판 사막에서, 새로운 땅 신장에서, 새로운 식량 생산 기술을 실험하고 있는 것이다. 당장은 논에서 생산되는 쌀보다 더 많은 수확을 기대하긴 어렵겠지만, 사막에 물을 대고 초원을 만들고자 하는 남수북조 프로젝트가 완성되고 난 이후에는 전혀 다른 풍경이 펼쳐질지 모른다. 기술 자립과 에너지 자립에 식량 자립까지, 미국과의 장기적인 패권전쟁에 임하여 자급자족에 근접하는 가히 재조산하(再造山河)의 수준으로 국가를 개조하고 있는 것이다.

새로운 하늘 성층권에서 전기를 생산하고, 새로운 땅 사막에서 식량을 생산하는 것처럼, 중국은 하늘과 땅 사이 새로운 공간에서 새로운 경제권을 창출해내고 있다. 이른바 '저공 경제'다. 지상과 천상 사이 중간계에서 저공비행을 하는 새로운 살림살이가 부상하고 있다. 양회를 비롯한 주요 국가전략 문건마다 '저고도 경제'(Low-Altitude Economy)라는 키워드가 등장한다. 국가발전개혁위원회 산하에도 저고도경제발전국을 신설했다. 저고도는 지표면에서 1000미터, 즉 1킬로미터 이하의 고도를 뜻한다. 항공기는 날 수 없지만 드론 같은 소형 기체는 자유롭게 비행할 수 있는 영역이다. 중국은 이 공간을 차세대 미래 경제가 꽃피게 될 '새 하늘의 새 땅'으로 보고 있다. 2025년 현재 약 1조 5000억 위안(한화로 약 300조 원) 규모인 시장이 2030년에는 2조 위안 이상의 규모로 성장할 것으로 전망한다. 이 저고도 공간, 허공의 30년 독점 경영권을 민간에 팔고 있는 지방정부도 있다고 한다. 미래형 봉이 김선달이 따로 없다고 할 판이다.

저고도 산업은 전기에너지로 구동되는 eVTOL(전기 수직 이착륙 항공기)에서 돌파구를 찾고 있다. 앞으로 지상과 천상을 오고 가는 eVTOL이 도시와 도시를 잇는 새로운 교통수단이 될 것이다. 광둥-홍콩-마카오를 묶는 남부 지역에는 수백 개의 eVTOL 경로와 수천 개의 이착륙 지점을 설치해서 한 시간 생활권을 실현할 것이라고 밝혔다. 선전 시처럼 첨단기술에 진심인 도시 또한 eVTOL 산업을 본격적으로 밀고 있다. 광둥성과 선전 시의 과감한 조치는, 광저우에 본사를 둔 이항(EHang, 億航)이 저고도 무인 항공기 개발의 대표주자이기 때문이다. 도심항공교통(Urban Air Mobility, UAM)으로 도심 상공을 활용해 사람과 물자를 안전하고 편리하게 운송하는 미래형 자율 모빌리티 사회로 성큼성큼 나아가고 있는 것이다.

  이항은 이미 자사 제품을 동남아시아와 중동 등에 들고 나가 마케팅을 펼치고 있다. 서울의 한강에서도 선을 보인 적이 있다. 즉 중국의 저고도 경제는 이미 해외로도 번져가고 있다. 중국의 한 드론 배송 회사는 최근 아랍에미리트(UAE)에서 상업 운영 자격 증명서를 받았다. 상업용 드론 배송 시스템은 향후 연간 40퍼센트 이상 성장할 것으로 예측되고 있다. 택배나 배달을 시키면 고층 아파트 창문에서 물건을 직접 수령할 수 있는 미래가 임박한 것이다. 그 새로운 하늘과 새로운 땅을 동시에 창조하고 있는 중국판 미래주의, 테크노-오리엔탈리즘, 즉 '중화 미래주의'(Sino-Futurism)가 일대일로를 타고 사방팔방 확산할 만반의 태세를 갖춘 것이다. 왕년의 초원길과 바닷길에 보태어 하늘길까지 창조하고 있는 것이다. 해상을 가르던 대항해 시대를 커다랗게 반전시키며 천상을 누비고 누리는 대항공 시대가 개봉박두다.

중국 표준 2035: AI 신문명 창조

미국은 역사상 최강의 제국이다. 중국은 역사를 통틀어 최장의 제국이다. 고로 2500년 중국과 250년 미국의 경쟁은 사상 최대의 패권전쟁이다. 서양과 동양의 대표선수가 맞붙어 진검승부를 펼치는 문명의 충돌이기도 하다. 하지만 다툼은 일면일 뿐이다. 승부는 결국 신문명의 창조에 달려 있을 것이다. 누가 먼저 AI 시대의 표준적인 디지털 문명을 건설해내느냐가 관건이다.

지난 3년 사이, '중국 제조 2025'는 목표를 초과 달성했다. 2035년까지 기술적으로 일본과 독일을 능가하고, 2045년에 미국마저 앞질러서, 2049년 건국 100주년에는 초격차·초일류 국가로 복귀한다는 장기적인 계획이었다. 그러나 이제는 2035년에 세계의 표준을 중국이 만들겠다는 훨씬 담대한 목표로 수정되었다. 재차 강조하건대, 다보스 포럼이 설파하는 '제4차 산업혁명'이 아니다. 산업혁명의 원조라는 유럽의 자부심이 시대의 흐름을 오판하고 미래의 경쟁력을 갉아먹는다. 작금은 산업 문명에서 디지털 문명으로 이행하는 문명사의 대전환기다. 디지털 문명의 제1차 국면이었던 인터넷 시대에는 미국이 압도적이었다. 제2차 국면인 AI 시대에는 중국이 미국을 맹추격하고 있다. 비트에서 큐비트로, 제3차 국면으로 예상되는 양자(量子) 문명은 어느 나라가 선도할지가늠하기가 쉽지 않다.

산업 문명의 표준국가가 되기 위해서는 인구와 영토와 자원이 중요했다. 사이즈가 중요했기에 제국주의가 횡행한 어두운 시기이기도 했다. 디지털 문명의 표준국가가 되려면 테크놀로지가 관건이다. 그중에서도 인공지능과 빅데이터와 반도체가 가장 중요하다. 중국은 인구 14억이 뿜어내는 빅데이터에서 타의 추종을 불허한다. 딥시크 딥쇼크로 인공지능 또한 미국에 못지않음을 과시했다. 가장 취약한 지점이 바로 반도체다. 미국과 한국과 대만에 견주어 실력이 달리는 아킬레스건이었던 것이다.

그런데 2025년 하반기에 들어서면서 상황이 반전하고 있다. 화웨이와 알리바바가 원투 펀치가 되어 엔비디아를 턱밑까지 추격하는 반도체 기술을 연달아 선보이고 있다. 빅테크들이 솔선수범하여 반도체마저도 자립에 성공할 기세다. 이 맹추격과 대역전의 추세에 야심만만한 스타트업들도 동참하고 있다.

그 대표적인 AI 반도체 기업이 바로 캠브리콘(Cambricon, 寒武紀)이다. 창업자 천톈스(陳天石) 또한 1985년생이다. 캄브리아기 대폭발에서 사명을 따왔다고 한다. 약 5억 년 전, '눈'이라는 기관이 탄생하면서 오늘날 번창하는 생물의 기원이 되었다고 일컬어지는 캄브리아기가 만개했다. 앞으로 5억 년, 장차 모든 곳과 모든 것에 AI 반도체가 장착되어 만물이 사물에서 활물로 진화하는 디지털 캄브리아기를 준비하고 있다. 젠슨 황의 불길한 예감처럼, 미국의 제재가 도리어 중국 기술 생태계의 자립을 재촉하고 혁신을 강제하는 역설적인 결과를 초래한 것이다. 중국 당국은 이제 엔비디아의 AI 칩 구매를 중단하라고까지 지시했다. 미국산 칩이 없어도 버텨낼 수 있다는 것이다. 버텨서 이겨낼 수 있다는 뜻이다. 굴종의 굴욕을 감내하기보다는 불굴의 의지로 굴기하고 있는 것이다.

미국 없는 중국이 건재한 반면으로, 정작 미국은 중국 없는 미래의 대비가 부실한 편이다. AI 시대와 디지털 문명을 근간에서 떠받치는 물질의 세계, 희토류가 복병이다. 손톱보다 작은 반도체부터 거대한 우주왕복선에 이르기까지 모든 첨단 기기에는 희토류 금속이 들어간다. 그 광물이 바탕에 깔려야 '활물의 세기'라는 연금술도 가능해진다.

중국은 희토류 패권국이다. 세계 희토류의 60퍼센트를 생산하고, 세계 공급량의 90퍼센트를 가공한다. 희토류는 전함, 전투기, 미사일, 위성, 레이더 등 거의 모든 방위 기술에도 필수적이다. 창공을 가르는 F-35 전투기에는 희토류가 408킬로그램 들어 있다. 대양을 휘젓는 이지스함에는 2358킬로그램이 포함되어 있다. 바다 아래 버지니아 잠수함에는 무려 4173킬로그램이나 들어 있다. 즉 미국이 자랑하는 가공할 첨단 무기는 온통 희토류 덩어리인 셈이다. 미국지질조사국(USGS) 보고서에 따르면, 2020년부터

2023년까지 미국이 수입한 희토류 화합물 및 금속의 약 70퍼센트를 중국에 의존했다. 중국이 갈륨, 게르마늄, 안티몬 등 핵심 광물 자원의 대미 수출을 금지하면 미국은 경제부터 군사까지 제대로 작동할 수 없는 지경이다. 트럼프의 관세 전쟁 발동에도 시진핑이 마이동풍, 듣는둥마는둥 하는 까닭이다. 중국은 미국 없이도 기술적으로 자립할 수 있지만, 미국은 중국을 대체할 희토류 공급망을 미처 준비해두지 못한 것이다.

고로 미·중 협상에서 유리한 쪽은 중국이다. 중국은 일사불란하지만, 미국은 분란과 소란으로 시끄럽다. 내부에서부터 쩍 갈라져 있다. 공화당과 민주당이 준(準)내전 상황으로 치닫고 있는 데다가, 공화당 내부에서도 실리콘밸리의 기술 세력과 신전통주의 종교 세력의 갈등이 내연하고 있다. 사분오열, 극도로 분열된 사회다. 찰리 커크 피격 사건이 암시하는바, 건국 250주년이 되는 2026년을 전후로 서로가 서로를 겨누고 방아쇠를 당기는 비극이 속출할 여지가 적지 않다. 즉 미국의 적은 미국인 셈이다. 반면 중국은 당과 인민이 똘똘 뭉쳐 있다. 1979년 개혁개방 이후에 태어난 21세기의 창업가형 공산주의자들까지 합세하여 민족 중흥과 중화 부흥에 합심하고 있다. 미국에는 피터 틸, 일론 머스크, 알렉스 카프, J.D. 밴스 같은 화려한 슈퍼스타들이 있다면, 중국은 '팀 차이나'로서 응집력과 결속력으로 대응하고 조직력이 뛰어나다.

중국은 원칙을 고수하고, 미국은 변칙 플레이에 능하다. 미국은 정권마다 단기적인 임기응변으로 공격하고, 중국은 일관된 장기적인 전략으로 반격한다. 심지어 중국은 내심 미국의 마가(MAGA) 전략이, 미국이 아니라 중국을 다시 위대하게 만드는 데 기여하고 있다고 평가한다. 미국이 세계 질서 유지라는 패권국의 덕을 베풀기를 포기하고 자국의 이익만 탐하는 보통국가로 하강하면서, 자연스레 전 세계 많은 국가가 도덕적 리더십을 상실한 미국 이후의 세계를 도모할 것이라고 전망하는 것이다. 동맹국들의 민심도 잃어가고, 세계 시민의 인심 또한 잃어가리라는 예상이다.

즉 중국은 트럼프 2기를 절체절명의 위기라기보다는 절호의 기회라고 판단한다. 지난 4년간 철저한 준비 끝에 대미 수출의 비중 자체를 대폭 줄여가고 있었다. 그래서 어처구니없는 수치의 관세 부과에도 좀처럼 타격감이 없는 것이다. 도리어 미국을 제외한 세계 시장과의 연결망을 더욱 강화하면서 2025년 수출 규모와 흑자 규모 모두에서 역대 최대치를 경신하고 있다. 미국 없는 세계 경제질서를 가동해보고 있는 것이다. 중국이 중원이 되는 신세계 경제질서를 창조하고 있는 것이다.

게다가 결국 트럼프의 정책은 실패할 것으로 보고 있다. 관세의 부메랑, 인플레이션과 경기 침체, 시장의 붕괴까지 염두에 두고 있다. 중국은 그저 만만디, 묵묵히 견디기만 하면 된다. 대장정부터 대약진을 지나 문화대혁명에 이르기까지, 참고 인내하는 데 중국인은 도가 튼 사람들이다. 겨우 250년 된 새파란 '신생국' 미국과는 호흡이 다르다. 누천년 중화문명사의 흥망성쇠를 복기하면서 새천년 인민공화국의 미래를 설계하는 것이다. 천안문 광장에서 열린 전승절 행사 역시 시간은 결국 자기네 편이라는 자신감의 발로다. 지난 세기 대일본제국에 맞선 항일전쟁에서 기어이 승리했던 것처럼, 이번 세기 대미제국에 맞선 항미항쟁 또한 기어코 이겨낼 것이라는 대내외적 메시지다.

트럼프와 시진핑은 개인적인 리더십부터가 퍽이나 다르다. 자기애가 워낙 강한 나르시시스트 트럼프는 미·중 협상에서도 자신의 저서인 《거래의 기술》을 적용한다. 반면 중국공산당을 대변하고 중화문명사를 대의하는 시진핑은 세월아 네월아 강가에서 낚시를 하던 강태공의 《육도삼략》과 《손자병법》으로 응대한다. 겨우 4년짜리 임시적 대통령은 중간선거를 의식해 전투에서의 승리에 안달하지만, 4연임까지 준비하고 있는 국가주석은 개별 전투를 최대한 지연시키면서 최종적인 승리를 도모한다. 평생을 공산당원으로 살아온 늘공 마인드의 시진핑, 어쩌다 공화당을 접수해 대통령까지 오른 트럼프는 전술과 전략의 호흡이 판이한 것이다. 트럼프는 단기전에 전력투구하고, 시진핑은 장기전에 대비해 체력과 국력을 안배한다. 트럼프는 기동전에 능한 스프린터이고, 시진핑은 지구전에 익숙한 마라토너다.

최고 지도자의 개성과 캐릭터 못지않게, 국가 엘리트들의 성격도 상이하다. 미국의 공화당과 민주당이 '거대한 선거조직'이라면, 중국공산당은 '거대한 학습조직'이다. 그중에서도 1억 명 당원 가운데 권력 최상층까지 올라간 극소수의 리더들은 끊임없이 학습한다. 정치국원 25명은 평균 45일 간격으로, 단 한 명의 결석도 없이 공부를 해야 한다. '집체학습'이라고 불리는 이 공부 모임은 2002년부터 2024년 12월까지 총 179회를 실시했다. 후진타오 집권기에 77회, 시진핑 집권기에 102회다. 주요 주제는 국가 통치, 세계 변화, 인류 역사, 미래 경제와 금융기술 등이다. 중국의 지성을 대표하는 최고의 고수들을 교수로 초빙해서 함께 딥러닝하는 것이다. 주목할 것은 역시나 과학기술 분야다. 집체학습에서 공부한 주요 주제를 보면 21세기의 거의 모든 첨단 산업을 망라하고 있다. 더 중요한 것은 공부만 하고 끝나는 것이 아니라는 점이다. 집체학습 이후에는 반드시 정책으로 구현한다. 당국자들이 내용을 알고 정책을 시행하는 것과 모르고 하는 것은 천양지차가 아닐 수 없다. 그래야 탈탄소 경제와 탈원자력을 혼동하는 식의 설익은 오판을 피할 수 있다.

특히 흥미로운 대목은, 후진타오에서 시진핑으로 권력이 바뀌어도 첨단기술을 담당하는 과학기술부 장관만큼은 바뀌지 않았다는 점이다. 한국은 1987년 민주화 이후 '과학기술정보통신부'의 명칭만 네 번 바뀌었다. 장관은 도합 18명이 바뀌었다. 장관의 평균 재임 기간이 2년도 채 안 된다. 그래서는 부처 안에서도, 연구 집단에서도, 산업계에서도 영이 제대로 서지 않는다. 어차피 어공, 잠시만 버티면 떠날 사람이기 때문이다. 반면 중국은 평균 근무 기간이 5년을 넘는다. 대표적으로 2007년에 임명을 받은 완강(萬鋼) 장관은 2018년까지 무려 11년이나 근무했다. 그래서 '중국 전기차의 아버지'라는 존경스러운 별칭까지 얻었다. 심지어 그는 공산당원도 아니다. 해외의 화교 엘리트들이 주로 가입하는 중국치공당(中國致公黨) 당원이지만, 최장수 과기부 장관의 명예를 누린 것이다. 최고의 인재라면 당파를 가리지 않고 등용해 소기의 목표를 달성할 때까지 직을 부여했던 셈이다. 과학기술 분야의 최고경영자(CEO)로서 미래의 설계자 노릇을 제대로 할 수 있도록 권한을 보장해준 것이다.

가만히 살펴보면 중화인민공화국은 창업군주 마오쩌둥을 제외하면, 덩샤오핑 이래로 공대 출신 리더들이 경영하는 나라다. 후진타오도 시진핑도 모두 '공돌이'였다. 덩샤오핑은 1920년대에 근검공학 프로그램으로 프랑스에서 유학했다. 르노자동차 공장에서 기계공으로 일하면서 산업 문명의 기초를 공부했다. 장쩌민은 상하이자오퉁대학교의 전기과를 졸업했으며, 후진타오는 칭화대학교의 수리공정과를 나왔다. 시진핑 역시 칭화대학교 화학과를 졸업했다.

즉 중화인민공화국의 최고 지도자들은 모두 과학기술을 아는 리더들이었다. 이념(Ideology) 이상으로 기술(Technology)에 능통한 사회공학자이자 행정기술가인 것이다. 그러하기에 이데올로기 다툼의 끝판왕이었던 문화대혁명으로 바닥을 치고 일어나서, 반세기 만에 기술대혁명의 전위국가로 변모할 수 있었던 것이다. 중화인민 기술공화국은 미래형이라기보다는 현재진행형이었던 셈이다.

1960~70년대에 중국이 문화대혁명의 소용돌이에 빠져들고 있을 때, 미국에서는 68혁명이 한참이었다. 1940년대의 맨해튼 프로젝트부터 1960년대 아폴로 프로젝트까지 과학기술이 추동하는 기술공화국의 상징이 바로 미국이었지만, 68혁명 이후로 분위기가 확 달라진다. 엔지니어가 아니라 로이어(Lawyer), 법률가의 전성시대가 열린 것이다. 미국 정부는 '변호사에 의한, 변호사를 위한, 변호사의 나라'라는 자조가 없지 않다. 1970년대부터 거의 반세기 동안 미국 민주당의 대통령과 부통령의 절대다수가 로스쿨 출신이었다. 민주당과 공화당을 막론하고 상원·하원의 의원들 또한 법률가가 절반을 차지한다.

엔지니어들은 결과와 성과를 중시하지만, 로이어들은 절차와 과정에 집착한다. 엔지니어들은 구체적인 일 중심으로 사고하지만, 로이어들은 추상적인 말로 먹고사는 사람들이다. 입심이 입진보를 낳고, 고소·고발이 난무하는 법률가 사회를 추동한다. 로스쿨 출신 정치인이 많아질수록 입씨름으로 국력이 소진되는 병폐가 만연해지는 것이다. 이들은 미래를 창조하기보다는 과거를 청산하는 데 더 능한 사람들이다. 생산과 건설보다는 수사와 숙청에 익숙한 인재들이다. 의회의 법정화, 정치의 사법화, 미국의 정치 수준이 갈수록 저열화되고 있는 근간이라고도 할 수 있다.

고로 21세기의 사반세기를 통과하고 있는 현재 시점에서 중국과 미국을 견주면서, 산업 문명의 도식이었던 좌파와 우파, 권위주의와 민주주의, 공산주의와 자본주의 등의 구도가 얼마나 적실한지부터 냉철하게 재검토할 필요가 있다. 량원펑은 좌파인가, 우파인가? 공산주의자인가, 자본주의자인가? 오픈AI와 딥시크 중 어디가 더 민주적인가? 서둘러 디지털 문명에 부합하는, 기술공화국에 합당한 새로운 독법이 요청되는 것이다.

나 또한 지난 25년을 인문·사회 분야에 있다가, 2025년부터 광주과학기술원(GIST)에 발을 들이고 보니 결정적인 차이점 하나를 발견하게 되었다. 태도가 퍽이나 다르다. 인문·사회 전문가들은 한줌의 이론과 이념으로 세상만사를 다 설명하려 든다. 한때의 이데올로기로, 여생을 신념으로 고수하며 자부하는 분들도 적지 않다. 그에 반해 과학자와 공학자들은 한없이 겸손하다. 내가 알고 있는 오늘의 지식이 얼마나 턱없이 모자라는지를 더없이 잘 알고 있다. 이 세계의 본질과 저 우주의 법칙 가운데 인류가 파악한 지식은 여전히 극히 미미하다는 것이다. 그래서 끊임없이 개선하고 수선하고, 멈춤 없이 진화해야 한다. 기왕의 세계관을 전면 철폐하는 패러다임 시프트, 전향에도 전혀 손가락질하지 않는다. 모두가 중단 없는 '수정주의자'인 것이다. 그래서 교조적이지 않고 실용적이며 실무적이다. 여전히 영원히 발전도상형이다. 과학과 공학의 세계에서 과거완료형은 존재하지 않는 것이다.

시진핑 주석은 2025년 2월, 중국의 대표적인 테크 기업들을 모아놓고 회의를 했다. 첨단기술 개발에서 민간기업이 성과를 내줄 것을 기대하면서 아낌없는 지원을 약속하는 자리였다. 민간기업은 중국 발명 특허의 약 65퍼센트, 기술 혁신의 70퍼센트에 기여하고 있다. 중국은 또 세계 100대 과학기술 혁신 클러스터 중 26개를 보유해 2년 연속 세계 1위를 차지했다. 2024년 6월 기준 중국에서 유효한 발명 특허 수는 442만 5000건에 달했으며, 인구 1만 명당 고부가가치 발명 특허 수는 12.9건에 달했다. 그야말로 14억 인구가 과학기술이라는 길을 향하여 전속력으로 달려가는 중이다. 중화'농민'공화국으로 출발한 신중국이 중화'기술'공화국으로, '중화인민 기술공화국'으로 변신하고 있는 것이다. 낫과 망치를 든 20세기의 공산주의에서 양자AI와 신경망 반도체로 중무장한 21세기의 화려한 공산주의로 변모하고 있다 하겠다.

대한민국은 1948년에 정부가 수립되었고, 중화인민공화국은 1949년에 들어섰다. 반만년 역사 가운데 반도가 중원을 앞서가는 몹시도 예외적이었던 반백년의 시기가 지나가고 있는지도 모른다. 중국에 대한 우리의 인식 또한 발전도상형으로 교정하고 수정해야 한다. 일제 시기의 '짱개주의'부터 냉전 시기의 '반공주의'까지 지난 백년의 과거완료형 인식을 타파하고 타개해가야 한다. 한·중 수교 33년, 중국은 그간 저렴한 노동력의 제공자였다. 한국의 자본과 기술과 결합해 대한민국의 선진화에 기여한 공로가 적지 않았다. 활짝 열린 중국의 시장 덕분에 우리가 선진국 K의 반열에 올라설 수 있었던 것이다.

하지만 '중국 제조 2025'가 완료된 올해부터는 판이 완전히 달라진다. 더 이상 한국의 제조 경쟁력이 중국을 앞서가지도, 압도하지도 못하는 뉴 노멀에 진입했기 때문이다. 중국의 소비 시장에서 애플은 여전하지만 삼성이 밀려난 것도, 테슬라는 건재하지만 현대차가 사라진 것도 한·중 간의 과학기술력 차이가 이전과는 달라졌기 때문이다. 응당 우리의 대중국 전략 또한 '중국 표준 2035'와 중국 건국 100년인 2049년에 맞추어서 끊임없이 수선하고 중단 없이 개선해야 한다.

2050년 뉴욕의 월스트리트와 상하이의 푸둥(浦東)을 상상해볼 수 있어야 한다. 자유의 여신상과 동방명주를 견주어볼 수 있어야 한다. 1850년 런던과 뉴욕을 빗대어보면 좋겠다. 19세기 런던의 영국 신사 가운데 100년 후 금융 패권의 중심이, 겨우 식민지에서 벗어난 뉴욕으로 전이될 것이라 예상한 이들이 없었을 법하다. 21세기의 한복판, 신중국은 명실상부 세계의 공장에서 '세계의 시장'으로 변모해 있을 것이다. 산업 문명에서는 노동과 자본과 기술이 고루 중요했지만, 디지털 문명에서는 탈노동 사회를 선도하는 자본과 기술이 세상의 변화를 이끌고 갈 것이다.

앞으로 30년, 한국은 이제 중국에서 제조하기보다는 투자를 하고, 창조를 해야 한다. 미래를 기획하고 설계하는 브레인/디자인 역할을 맡아야 한다. 전망이 몹시도 불확실한 미국의 제조업 부흥에 생돈을 헌납할 여유가 있다면, 그 액수를 종잣돈으로 삼아 중국의 미래 산업에 투자하는 편이 개인과 국익에도 부합할 것이다. 태평양 너머 동맹국에 무익한 조공을 바치기보다는, 황해 건너 이웃 나라에서 수익과 편익을 취하는 편이 더욱 이로울 것이다. 홍콩과 선전과 상하이에 있는 주식 시장이 경쟁적으로, 지난 30년 미국 나스닥이 보여주었던 폭발적인 불기둥의 우상향 불장을 구가할 가능성이 적지 않기 때문이다. 그 발상의 대전환의 선결 조건이 바로 제대로 아는 것이다. 실사구시, 편향되고 편벽된 편견

없이 실상을 똑바로 직시하는 것이다. 서둘러 가상과 허상과 망상으로 점철된 반중·혐중의 질곡을 떨쳐내야 한다. 자충수의 자승자박, 우리 나라, 우리 기업, 우리 국민의 제 살을 깎아 먹을 것이기 때문이다.

정녕 지난 30년 안미경중(安美經中), 즉 안보는 미국, 경제는 중국이던 시대는 끝났다. 한·미 동맹과 한·중 협력의 황금률 속에서 한국이 선진국 K로 부상했던 달콤한 황금기였다. 하지만 앞으로도 계속 안보를 미국에 맡겨두면 안심하고 살아갈 수 있을지 곰곰이 꼼꼼히 따져봐야 한다. 미국에 자동차, 반도체, 조선소 공장까지 다 지어주고 경제마저도 밀착하게 되면 과연 한국의 장래가 밝아질 것인지, 손익 계산을 면밀하게 헤아려보아야 한다. 세계 최고의 반도체 기업 TSMC(타이완 반도체 매뉴팩처링)조차도 미국 공장의 수지타산이 맞지 않아 고전을 면치 못하고 있는 형편이다. 울며 겨자 먹기로 우리나라의 기업들 또한 '고난의 행군'이 기다리고 있을 것임이 불을 보듯 뻔하다. 미국 땅에서 경쟁력을 상실한 제조업이 사라진 것은 그만한 까닭이 있었던 탓이다. '피크 차이나'와 '피크 아메리카', 어느 쪽이 정점을 찍고 내려가고 있는지, 어느 편이 정점을 향해 올라가고 있는지 냉엄하게 판단해야 한다. 어느 쪽에 거품이 끼어 있고, 어느 편에 성장 여력이 더 남아 있는지도 냉철하게 판별해야 한다. 세계 최대의 헤지펀드를 설립한 레이 달리오(Ray Dalio)를 흉내 내자면, '변화하는 세계 질서'의 '빅 사이클'을 주시하면서 '원칙'을 새로, 바로 세워야 한다.

그래야 백척간두에 서 있는 '피크 코리아'도 돌파해갈 수 있다. 미·중 간 선택을 강요받는 코너로 내몰리는 것이 아니라, 양단 간에 비슷한 처지에 놓인 100여 개 중간 지대 나라들에게 제3의 선택지를 제공할 수 있는 선도국가로 레벨업해야 한다. 칩부터 집까지, 클라우드 플랫폼부터 데이터센터와 스테이블코인에 이르기까지, AI 문명의 인프라 설계와 설치의 비동맹운동을 주도해갈 수 있어야 한다. 어차피 압도적인 1등·2등과는 현격한 차이가 날 것이기에, 나 홀로 AI 3등은 별다른 의미가 없다. AI 3강이 되기 위해서는 테크놀로지에 지정학을 결합하는, 디지털 천하삼분지계의 글로벌 온톨로지(존재론)를 구축해야 하는 것이다.

뉴 아메리카와 테크노-차이나 사이, 'AI 네이티브'가 가장 많이 살아가고 있는 '피지컬 아시아'와 접속하여 새로운 서사, 'AI 내러티브'를 만들어낼 수 있어야 한다. 농업 문명은 중국이 최상이었고 산업 문명은 미국이 최강이었다면, 디지털 문명은 한국과 아시아가 더불어 최고를 도모해보자는 스케일과 스타일의 새로운 스토리를 공급해주어야 한다. 한국이 그런 역할을 해주기만 한다면 환영할 준비가 되어 있는, 한국을 향해 두 팔 벌려 마음을 활짝 열고 있는 아시아의 미래 세대를 주목해야 하는 것이다. 카시아

(K-ASIA), 카세안(K-ASEAN), 칼타이(K-ALTAI) 등등 '아시아를 다시 위대하게', 오리엔탈의 오리지널 판타지, 동양적 SF의 상상력이 필요한 시점이다.

부디 이 책이 대한민국의 다음 30년을 준비하고, 다른 백년의 대전략을 구상하는 데 미력하나마 일조할 수 있다면 좋겠다. 구태여 3년 만에 다시 중화인민 기술공화국, '테크노-차이나'를 복기하며 복간하는 까닭이라고 하겠다.

2025년 9월 29일 04시 50분
광주과학기술원(GIST) 국제관에서

프롤로그

테크노-차이나의 귀환

입춘, 두 개의 올림픽 사이

카운트다운이 독특했다. 10, 9, 8, 7 … 1, 0! 열부터 영까지 차감하는 순이 아니었다. 24, 23, 22 … 스물넷부터 세어 나갔다. 우주적 순환을 상징하는 동방의 셈법, 24절기를 상징한 것이다. 공교롭게도 스물네 번째로 열리는 동계올림픽이기도 했다. 개막일 또한 서력으로 2월 4일, 동/서를 망라해 '24'의 변주가 아귀가 딱딱 맞아떨어진다. 2022년 임인년(壬寅年), 동방의 새봄을 알리는 입춘에 베이징 동계올림픽이 개막했다. 연둣빛 새싹이 민들레 홀씨가 되어 사방팔방 만방으로 흩날려갔다.

14년 전, 2008년에도 같은 장소에서 하계올림픽이 열렸다. 개막일은 8월 8일, 오후 8시. 빠빠빠(888=發發發)를 유난히 좋아하는 중국인들의 생활감각을 물씬 살린 날이다. 실제로 개막식은 온통 중국풍이었다. 경제대국, 무역대국으로 재등장한 중국의 굴기를 한껏 발산하는 국가적 이벤트였던 것이다. 과거의 위대한 문명과 찬란한 역사를 복기하는 데 연출의 대부분을 할애했다. 공자의 제자가 3000명이나 등장하는 화려하고 웅장한 인해전술로 자의식 과잉의 퍼포먼스를 선보인 것이다.

2022년은 사뭇 달랐다. 더 이상 외부로부터 중국을 승인받는 데 안달하지 않는다. 이미 G2, 세계를 양분할 만큼의 위상이 확고하다. 과거의 영광을 과시하기보다는 미래의 첨단을 밝히는 데 초점을 두었다. "Back to the Future", 중국이 늘 문명의 중심이었던 오래된 세계로, '미래의 역사'로 나아가는 것이다. 즉 2008년 하계올림픽이 중국의 굴기를 보여주었다면, 2022년 동계올림픽은 그 굴기의 본질을 드러내주었다. '세계 속의 중국'에서 '세계 앞의 중국'으로 진화한 것이다. 과학기술에 기초한 미래 국가, '테크노-차이나'의 귀환을 선포한 것이다.

아편전쟁 이전까지 중국은 늘 기술대국, 기술 선진국이었다. 인류의 4대 발명품도 모두 '메이드인차이나', 중국산이다. 그중 하나인 종이 두루마기가 2008년의 메인스타디움 그라운드에 깔렸다면, 2022년에는 LED 패널이 설치되었다. 그리고 개막식 내내 가상현실(VR)과 증강현실(AR)을 접목한 미래형 연출이 지속되었다. AI를 통한 라이브모션 캡처 기술을 선보이며 600명 사람들의 움직임에 실시간으로 조응하는 데이터 기반 예술을 구현하기도 했다. 오륜기는 드론을 띄워 형상화했고, 개막식의 백미라는 성화 점화에는 수소에너지를 활용했다. '디지털'과 '탈탄소'라는 미래형 어젠다를 선보인 것이다. 앞으로 인류가 나아가야 할 길을, 산업 문명 이후 미래 문명의 단서를 개막식 곳곳에 뿌려둔 것이다.

중국의 자의식이 세계의식으로 진화하고, 과거에서 미래로 시선이 달라지는 동안 미국에서는 '미국을 다시 위대하게'(Make America Great Again), '더 나은 재건'(Build Back Better), '미국이 돌아왔다'(America is Back)와 같은 구호가 연거푸 등장했다. 20세기를 선도했던 진취적인 개척정신과는 상반되게도 공화당과 민주당을 막론하고 복고풍이 만연한 것이다. 트럼프의 '어게인'(Again)과 바이든의 '백'(Back)이 가리키는 시대란 명명백백 미국이 압도적 패권을 행사했던 20세기 후반일 것이다.

부지불식간 중국이 미래를 고지하고, 미국이 과거를 회고한다. 미국과 중국 사이, 동방과 서방 사이, 과거와 미래 사이에 거대한 반전이 일어난다. 즉 겨울도 다 같은 겨울이 아니라고 하겠다. 지나간 여름과 가을을 반추하는 겨울이 있는가 하면, 새봄을 맞이하는 진취적인 겨울도 있는 법이다. 2022년 2월의 베이징은 분명 후자 쪽이었다. 포스트-웨스트(Post-West), 신세기와 신세계, 신문명의 봄맞이로 분주했다.

하늘 밖에 또 다른 하늘

낙차가 뚜렷하다. 시차가 굉장하다. 앞으로 앞으로, 미래로 나아가는 중국에 견주어, 정작 중국을 바라보는 외부의 시선은 과거에 정박해 있다. 올림픽을 전후로 선전선동이 난무했다. 소수민족 위구르를 탄압하고, 소수지역 홍콩을 억압하며, 대만 침공을 호시탐탐한다는, 냉전기 이래 새로울 것 하나 없는 서사들이 '뉴스'라는 이름으로 널리 울려 퍼졌다. 물론 그런 문제가 없지 않을 것이다. 그러나 그야말로 국지적인 사안들이다. 그리고 그 일각의 이슈 또한 얼마나 정밀하게 분석하고 있는지 깊이 성찰해봐야 한다. 그러한 상투적 보도의 가장 큰 폐해와 패착은 정작 중국 사회에 넓고 깊게 퍼져 있는 미래지향적 공기를 전혀 전달하고 있지 못하다는 점이다.

중국은 이미 덩샤오핑이 말한 '소강(小康) 사회'에 진입했다. 우리가 익숙한 어법으로는 중산층 사회가 된 것이다. 문화적 낙관주의가 도도하며, 기업가 정신 또한 충만하다. 도전적이고 모험적이다. 수많은 개척자가 미답의 프런티어를 열정적으로 찾아 헤맨다. 과학과 공학이 선사하는 미지의 해방적 가능성에 흥분하고 열

광하고 있다. 수십 년간 정부의 프로파간다였던 '과학기술은 제1의 생산력이다'라는 명제가 인민의 시대정신과 생활감각으로 뿌리내린 것이다. 한때는 실리콘밸리에 정착했던 미국 유학파들 또한 자신의 꿈을 실현하기 위해 중국으로 되돌아와, 치열한 창업 전선에 투신하고 있다. 교육과 기술과 기초과학에 막대한 투자를 단행하는 중국에서 더 큰 기회가 열리고 있음을 예민하게 간파하는 것이다. 즉 세계 최고의 지식과 기술로 중무장한 미래 인재들에게 중국은 (한때 미국이 그러했던 것처럼) 무궁무진한 '기회의 나라'가 되고 있다.

그 열망과 열기는 고스란히 21세기에 태어난 미래 세대에게도 전파되고 있다. 2021년 상하이에 새로 만든 우주박물관에는 몇 주 전에 예약하지 않으면 관람이 어려울 만큼 어린이와 학생들이 몰려든다. 한국의 전체 인구를 능가하는 6000만 중학생이 국영방송인 CCTV(중국중앙텔레비전) 모니터 앞에 옹기종기 모여서 물리학 강좌에 심취한다. 로켓을 쏘아 올리고 우주선을 보내는 것은 물론이요, 우주정거장을 건설하고 달 너머 화성까지도 탐사한다. 우주정거장 톈궁(天宮)부터 화성 탐사 로버 주룽(祝融)까지, 중국의 고대적 상상력에서 길어 올린 한자 신조어들을 외계 곳곳에 새겨 넣고 있다.

한때 오로지 미국만이 가능하다고 여겼던 일을 이제 중국이 못지않게 이루어내고 있으며, 달의 뒷면 착륙 등 일부 영역에서는 미국을 앞지르기 시작했다. 이 대역전극에 중국 인민들의 자부심과 애국심도 끓어오른다. 1957년 인류 최초의 인공위성 스푸트니크의 쇼크에 절치부심하며 소련을 역전시켰던 1960년대의 미국이 절로 연상되는 것이다. 케네디 대통령이 달로 가자는 문샷(Moonshot)의 열망을 지피던 그때 그 시절의 달뜬 열기가 오늘날 중국에서 엿보인다. 미국에서는 갈수록 희미해지고 있는 개척자 정신이 도리어 중국에서 활활 타오르고 있는 것이다.

 1960년대의 미국 또한 모순이 적지 않았다. 밖으로는 베트남 전쟁에 대한 비판으로 온 세계가 시끄러웠고, 안으로는 흑인민권운동이 폭발하는 등 혼란과 혼돈이 지속되었다. 그럼에도 1960년대의 미국을 회고하면 낙관적 분위기가 주도했음을 수긍하지 않을 수 없다. 2020년대의 중국이 바로 그러하다. 안으로도 문제가 없지 않고 밖으로는 소음과 잡음이 더욱 심하지만, 그럼에도 미래에 대한 열망과 결합해 표출되고 있는 낙관주의야말로 중국 사회의 주선율이라 하겠다.

 게다가 세계의 중심, 지구의 중원으로 복귀하는 데서 그치지 않는다. 미지의 세계, 지구 밖 우주로까지 뻗어나가고 있다. 일대일로를 통한 실크로드의 현대적 복원으로 대항해 시대를 역전시키는 것에 머물지 않겠다는 뜻이다. 대륙과 해양, 동양과 서양 또한 지구 안에서의 나눔이고 가름이며 다툼일 뿐이다. 지구 밖으로 나아가면 실로 동서남북의 분별은 무망해진다. 서구처럼 팽창적이기보다는 자족적 울타리에 안주했던 기왕의 중화제국사에서도 매우 이례적인 확장과 확산의 시대에 들어선 것이다. 하늘과 땅 사이, 천하(天下)에 만족했던 고전적 중국에서 탈피해 천외유천(天外有天), 하늘 밖 또 다른 하늘을 향해 맹렬하게 비상하는 기술대국이 된 것이다. 집 우(宇) 집 주(宙), 우주가 그야말로 새로운 집(Home), 천하일가를 넘어 천상일가(天上一家)가 되어가는 비범하고 비상한 포스트-어스(Post-Earth) 시대다.

미래기술의 최첨단:
스페이스, 바이오, (그린)어스, 디지털

2025년, 한·중 수교 33주년이다. 1992년을 떠올리노라면 격세지감을 느끼지 않을 수 없다. 불과 한 세대 사이에 양국의 세계적 위상이 판이하게 달라졌다. 중국은 명실상부 슈퍼파워, 초강대국이 되었다. 이대로 가면 경제 규모에서 미국을 능가하는 것도 시간의 문제다. 한국 또한 일취월장했다. 중진국 가운데 유일하게 선진국 반열까지 도달했다. 하드파워는 물론이요 소프트파워, K-열풍이 대단하다. 그러나 그 선진국에 걸맞은 독자적이고 주체적인 세계

인식을 확보했는지는 냉정하게 따져볼 문제다. 다시금 가장 오래된 이웃 나라, 중국에 대한 인식이 시금석이 되어준다.

동계올림픽을 전후한 한복/한푸 논쟁이 상징적이다. 선진국이 되었음에도 여전히 소국 콤플렉스를 떨쳐내지 못한다. 작은 나라의 견지에서 큰 나라를 오인하고 오판하는 침소봉대의 혐의가 짙다. 14억 인구대국 중국의 속사정을 통 헤아리지 못하는 것이다. 워낙 오래된 나라이고, 원체 거대한 땅을 거느린 나라다. 자연스레 다종다양한 소수민족을 품고 있는 현대판 제국이다. 그 제국을 구성하는 소수민족에 대한 배려에 너와 남을 가르고 네 것과 내 것을 다투는 소심한 자격지심이 불거진 것이다.

물론 중국에는 좋은 점만큼이나 나쁜 점도 지천에 깔려 있다. 우스꽝스럽고 혐오스러운 지점도 적지 않다. 왜 아니겠는가. 얼마나 크고 넓으며 얼마나 복잡다단한 사회인데, 세상만사 온갖 일의 축소판이 벌어진다고 해도 과언이 아닐 것이다. 그래서 그 어떤 면모라 해도 그것이 중국의 일단과 일면에 불과할 뿐임을 세심하게 살필 수 있어야 한다. 소국과 대국 사이에 구조적 인식의 비대칭성을 늘 자각하고, 관찰자 스스로가 성찰적 안목을 연마해가야 하는 것이다.

결국 요체는 미래다. 중국의 다양한 모습 가운데 어떤 것이 미래를 가리키는지를 정확하게 파악해내는 것이다. 어떤 점은 나

날이 줄어들 것이며, 어떤 현상은 점점 더 확대되어갈 것이다. 그 경중을 면밀하게 가려낼 수 있어야 한다. 21세기하고도 사반세기, 중국의 가장 큰 대세, 메가트렌드는 뭐니 뭐니 해도 기술대국을 향해 초가속적으로 진화하고 있다는 점이다. 20세기형 좌/우의 잣대를 훌쩍 뛰어넘어 미래로, 앞으로 더 멀리 더 깊이 전속력으로 질주하고 있다는 것이다.

그럼에도 대한민국의 우파는 여전히 인권과 자유민주라는 낡아빠진 잣대로 중국을 겨눈다. 좌파는 아직도 미국을 비판하는 방편으로 중국을 동원하며 실체가 모호한 '공동부유'[*]까지 애써 옹호한다. 좌/우를 막론하고 모두가 저마다 진실의 일면만을 바라보고 일단만을 강조할 뿐이다. 제 눈에 안경이며, 제 논에 물대기가 아닐 수 없다. 관건은 역시 추세를 간파해내는 것이다. 무엇이 대세가 될 것인지를 예각적으로 파악해내는 것이다.

재차 2022년 2월 4일의 동계올림픽 개막식이 상징적이다. 2049년 건국 100주년을 다짐하는 중화인민공화국의 비전과 미션 또한 테크노-차이나의 완성이다. 중국의 4대 발명품인 종이,

---

[*] 공동부유(共同富裕, Common Prosperity)는 2021년 시진핑 주석이 제시한 핵심 국가전략 중 하나로, 소득 불균형 해소와 사회적 형평성 제고를 목표로 한다. 단순한 부의 재분배를 넘어 전 국민이 함께 잘사는 사회를 지향한다.

나침반, 화약, 인쇄술을 융복합하여 서방이 중국을 제압한 사태가 1840년 아편전쟁이었다. 종이와 인쇄술로 중세를 탈각한 계몽주의 시대를 열었고, 나침반과 화약으로 유라시아의 서쪽 귀퉁이에서 벗어나 아시아로 아프리카로 아메리카로 향하는 대항해 시대를 열었다. 계몽의 대항해로 세계 지도를 작성하고, 지도 속의 세계를 하나씩 하나씩 정복해갔던 것이다.

역사는 돌고 돌아 다시금 기술대국 중국이 귀환하고 있다. 그중에서도 나는 네 갈래의 흐름을 가장 주시한다. 미래기술의 최첨단, 즉 스페이스 테크, 바이오 테크, 어스 테크, 디지털 테크다. 지구 밖으로 가장 멀리까지 나아가는 우주 산업에서 발군의 역량을 과시하고 있다. 생명의 신비 가장 깊숙이까지 파고드는 바이오공학에서도 비약적인 발전을 거두고 있다. 거주 가능한 지구를 지속시키기 위한 기후 및 에너지 산업 또한 전력을 다해 키워가고 있다. 또 하나의 가상 지구를 만들어가는 디지털 산업에서도 세계를 선도하고 있다.

각각의 영역에서 중국의 현재를 적확하게 짚고, 과감하게 미래를 전망해보기로 한다. 그러한 실사구시의 태도를 갖추어야만 다음 30년, 한·중 수교 60주년이 될 2052년을 준비할 수 있을 것이다. 냉전과 열전을 반복했던 지난 백년과는 상이한, 평화와 조화의 다른 백년을 기획하고 기약할 수 있을 것이다. 기왕지사 미래로 나아가는 것, 가장 처음부터 가장 멀리까지 가보도록 한다. 테크노-차이나의 최전선, 스페이스 테크다.

스페이스 차이나

1

우주 기술,
혁명에서 혁신으로

대장정과 대항해: 달 탐사선 항아, 우주정거장 천궁

오늘 밤에도 별이 바람에 스치운다. 맑고 시린 밤하늘, 밝고 투명한 별빛이 반짝이면 거대한 망원경 돔이 열린다. 허베이성 싱룽(興隆)현의 산골짜기, 세계에서 가장 큰 구경의 광학망원경이 매일 밤 4000개가 넘는 별의 스펙터클을 관찰하고 촬영한다. 지구와 우주의 교류와 교감, 빛과 정보를 수신하는 지상의 허브다. 이름은 '궈서우징' 망원경, 원나라의 대표적인 천문학자 곽수경(郭守敬)의 이름에서 따왔다.

    감수성 예민한 시인이 아니더라도 별 헤는 밤이면 우리는 절로 깊은 질문을 던지게 된다. 우리는 어디에서 왔는가, 또 어디로 가고 있는가? 수만 광년도 넘는 저 멀고 깊은 곳에 또 다른 생명체가 숨을 쉬고 있지 않을까? 하늘 위 저 미지의 우주는 늘 하늘 아래 살아가는 인간에게 경탄과 동경과 애틋한 향수의 대상이었다.

어느덧 인공위성이, 인공적인 별이 우후죽순 밤하늘을 수놓는 인공우주(Anthropo-Cosmos) 시대가 열렸다. 더 이상 우주는 고요하지도 적막하지도 않은 공간이 된 것이다. 우주정거장은 물론이요 달과 화성 등 곳곳에서 모터가 돌아가고, 데이터를 송수신하는 기계음이 들려온다. 기계음 사이로는 간간이 지구와 교신하는 사람들의 음성, 육성도 들려온다. 20세기 중반 최초에는 키릴 문자, 러시아어가 들려왔다. 언젠가부터는 압도적으로 로마 문자, 영어가 대세였다. 그런데 21세기에 들어서면서 커다란 변화가 일어나고 있다. 갈수록 자주 중국어가 들려온다. 하늘 밖 우주 곳곳에 아주 오래된 문자, 한자가 깊숙이 새겨지고 있나.

2016년은 21세기판 '스푸트니크 쇼크'에 빗댈 수 있는 해였다. 중국이 세계 최초로 양자과학위성을 쏘아 올린 것이다. 양자과학위성은 양자암호통신 기술을 탑재한 최첨단 인공위성이다. 양자역학의 세계는 우리의 일상 세계와는 전혀 다른 방식으로 작동한다. 광자와 전자 등 둘 이상의 양자가 특수한 관계로 결합하여 울림과 떨림과 얽힘의 신세계를 창발해간다. 이 양자통신 기술은 광자의 성질을 이용한 것으로, 어떠한 계산기로도 해독이 불가능하다. 원리적으로 감청과 도청을 할 수 없는 궁극의 통신 시스템인 것이다.

    2016년 당시 양자통신이 가능한 거리는 144킬로미터에 그쳤다. 2017년에는 중국 베이징과 오스트리아 빈 사이에서 양자암호를 통한 화상 통신에 성공했다. 2020년에는 1120킬로미터까지 늘어났고, 2021년 1월 7일에는 무려 4600킬로미터 거리의 양자통신도 가능해졌다. 2020년과 2021년의 실험이 모두 국제 과학 저널 〈네이처〉에 대서특필될 만큼 중국은 우주과학에서 초격차의 기술을 확보한 것이다.

    의미심장한 것은 이 양자과학위성의 이름이 '모쯔', 즉 묵자(墨子)라는 점이다. 묵자가 누구인가. 제자백가 가운데서도 유독 비전(非戰)과 박애를 강조했던 춘추전국시대의 사상가다. 우주 굴기가 화평굴기의 연속선상에 있음을 은근히 암시한 것이다. 아울러 묵자는 철학자인 동시에 과학자, 그중에서도 특히 광학을 연구한 사람이었다. 빛과 양자의 관련성에 빗대어 묵자라는 이름을 붙인 것이다. 2025년에도 저 하늘 위에서 돌아가는 위성 가운데 지상과 양자암호를 주고받고 있는 위성은 오로지 묵자뿐이다. 10년 가까운 시간이 지났음에도 여전히 미국도 유럽도 실험 단계에 머물 뿐 발사하지는 못하고 있다. 그만큼 극도로 어려운 기술인 것이다. 양자 얽힘 상태를 유지하기 위해서는 극저온 환경과 정밀 광학 시스템이 필요하고, 발사 비용 또한 막대하다. 즉 군사, 안보,

외교 등 기밀 정보의 취급에서 가장 앞선 기술을 확보하고 있는 나라가 중국이라는 말이다.

양적으로도 중국은 앞서가고 있다. 우주로 쏘아 올린 위성의 발사 횟수에서 러시아는 물론이요 미국마저 앞지르고 있다. 2018년에는 38회 로켓을 발사하여 34회에 그친 미국을 제쳤다. 2019년에는 33회로, 27회에 머문 미국을 다시 앞질렀다. 일론 머스크의 스페이스X를 비롯한 미국 민간기업들이 우주 산업에 본격적으로 달려든 2020년대에는 재차 중국과 미국이 엎치락뒤치락 치열한 순위 다툼을 벌일 것으로 예상된다. 과연 2024년에는 스페이스X가 무려 138회의 로켓을 쏘아 올리면서 미국 전체(145회)를 이끌고 갔다. 반면 중국은 68회 가운데 중국항천과기집단공사(中國航天科技集團公司, CASC)가 57회로, 국가가 우주 기술을 주도한다. 즉 트럼프 2기 정부의 등장과 함께 애국주의 열풍이 거세게 불고 있는 최근 실리콘밸리의 분위기에서 보듯 민간기업 스페이스X가 앞장서서 중국에 맞서고 있는 것이다.

다시금 의미심장하게도 중국의 우주 발사 로켓들의 이름은 창정(長征)이다. 명명백백 중국공산당의 신화, 대장정에서 따온 것이다. 국민당과의 사활적 경쟁에서 대역전의 발판을 마련한 것이 대장정이었다. 뒤늦게 시작한 우주 개발의 긴 여정을 함축하면서도, 최종적인 승리를 예고하는 불굴의 의지가 담겨 있는 것이다.

대장정의 소산으로 중화인민공화국이 세워진 해가 1949년이다. 건국 70주년인 2019년은 우주 대장정에서도 획기적인 한 해가 되었다. 그해 1월 3일, 세계 최초로 달의 뒷면에 착륙하여 독자적인 달 탐사를 시작한 것이다. 12월 27일에는 역대 최강의 우주로켓이라고 평가받는 창정 5호까지 쏘아 올렸다. 중국항천과기집단공사 주도로 남부 하이난섬 원창(文昌) 우주발사센터에서 발사된 창정 5호는 발사 37분 만에 무게 8톤의 통신위성을 고도 3만 6000킬로미터의 정지 궤도에 올려놓는 데 성공했다. 창정 5호는 길이 57미터로, 저궤도에는 최대 25톤, 정지 궤도에는 최대 14톤의 위성을 운반할 수 있다.

동시에 2019년 3월 중국은 로켓 누적 발사 횟수 300회를 돌파했다. 1970년 창정 1호의 첫 발사 이래 발사 횟수는 해를 거듭할수록 늘어나, 첫 100회 발사까지는 37년이 걸렸으나 이후 100회까진 7.5년, 최근 100회까진 약 4년이 걸렸다. 이에 따라 연간 평균 발사 횟수도 2.7회에서 13.3회, 23.5회로 늘어났다. 지금까지 창정 로켓은 506개의 중국 및 외국 우주선을 우주로 보냈다. 여기에는 6개의 유인 우주선과 2개의 우주 실험실, 4개의 달 탐사선이 포함되어 있다.

새삼 2019년이 아폴로 11호의 달 착륙 50주년이기도 하다는 점은 더더욱 공교롭다. 인류 최초로 달 뒷면 착륙에 성공하면서 중국은 21세기에 두 번이나 달에 도달한 유일한 국가가 되었다(첫 착륙은 2013년이었다). 또 2019년 한 해에만 34회의 우주 비행을 마치면서 우주 비행을 가장 많이 한 국가로도 등극했다. 2019년을 우주를 둘러싼 미·중 경쟁의 전환점, 중국 우주 굴기의 원년이라고 선포해도 지나침이 없는 것이다.

달 탐사선 창어[항아(嫦娥)] 역시 중국의 고대 신화 속 달의 여신에서 유래한 단어다. 불로불사의 영약을 마시고 달로 올라갔다는 선녀의 이름이었다. 달 탐사 로버인 위투[옥토(玉兔)]는 우리도 익숙한 떡방아 찧는 옥토끼에서 유래했고, 중계 통신위성인 췌차오[작교(鵲橋)]는 칠월칠석에 견우와 직녀가 만나는 오작교에서 유래한 이름이다. 더 나아가 중국은 이미 달 곳곳에 명명권을 행사하고 있다. 외계에 이름을 붙여주고 이름을 불러주고 있는 것이다. 창어 4호가 착륙한 장소의 이름을 '스타치오 톈허'(Statio 天河)라고 붙인 것을 포함해 달 뒷면 다섯 곳에 중국식 이름을 새겼다. '스타치오'는 라틴어로 장소·기지라는 뜻이며, '톈허'는 천하(天河, 은하수)의 중국어 발음이다. 착륙지 주변을 삼각형 모양으로 둘러싼 운석 충돌구들의 이름은 〈견우와 직녀〉 설화에서 따와 각각 즈뉘[직녀(織女)], 허구[하고(河鼓)], 톈진[천진(天津)]으로 붙였다. '하고'는 견우성의 다른 이름이며, '천진'은 은하수 강가의 나루터다. 이 명칭들은 중국 한나라 시대 별자리 이름이기도 하다. 또 창어 4호 착륙지에서 북

서쪽으로 약 46킬로미터 떨어진 폰 카르만 충돌구 중앙 봉우리는 '몬스 타이'(Mons 泰)라고 명명했다. '몬스'는 라틴어로 산, '타이'는 중국 5대 명산 중 으뜸으로 꼽히는 태산(泰山)을 뜻한다.

그러나 달이 중국의 최종 목적지인 것은 아니다. 어디까지나 더 멀리 더 깊이, 심우주로 나아가는 중간 기착지일 뿐이다. 실제로 중국공산당 창당 100주년이었던 2021년, 중국은 화성 탐사라는 목표도 달성했다. 지금도 인터넷에 접속하면 중국의 화성 탐사 로버 '주룽'이 지구로 전송한 화성의 모습을 확인할 수 있다. 태양광 패널과 안테나를 달고, 붉은 암석과 토양을 분주히 오간다. 화성 다음은 목성이다. 목성 탐사는 2029년을 목표로 삼고 있다. 아마도 건국 80주년의 메가 이벤트가 아닐까 싶은데, 우주 개발 또한 '중국식 속도'에 맞추겠다고 하니 더 앞당겨질지도 모르겠다.

2022년 11월, 중국은 장기적으로 우주인이 머물 수 있는 독자적인 우주정거장 건설을 완성했다. 16개 국가가 공동 참여한 국제우주정거장(International Space Station, ISS)이 2030년까지 수명을 다하면 중국은 유일무이 우주 연구의 주도권을 쥐게 된다. 이른바 중국우주정거장(China Space Station, CSS), 톈궁(天宮) 프로젝트의 시작이다. 문자 그대로 '하늘 궁전'을 뜻하는바, 이는 중국의 창세기인 반고(盤古) 신화에서 유래한 이름이다. 톈궁을 발판으로 2030년까지 인류 최초의 달 기지를 건설하고 유인화한다는 목표도 세워

두었다. 신중국 건국 100주년인 2049년에는 달에서 영구적으로 우주 연구를 수행하는 연구개발 기지를 건설하는 프로젝트 또한 추진 중이다.

2019년 워싱턴의 싱크탱크인 정보기술혁신재단(ITIF)에서는 의미심장한 보고서를 발표했다. "중국은 혁신에서 미국을 앞질렀는가?"라는 자극적인 제목을 내걸었다. 이 보고서에 따르면 연구개발비, 연구 인재, 지적 재산, 하이테크 수출 등 36개 지표로 미국과 중국을 철저하게 비교한 결과, 국제특허의 출원 수에서 중국은 미국의 80.9퍼센트로 턱밑까지 육박해 있으며, 하이테크 수출에서는 미국을 두 배 이상 따돌린 것으로 평가되었다. 고로 더 이상 중국을 '짝퉁 천국'이라고 폄하할 수 없는 노릇이겠다. 미국에 못지않은 혁신대국, 이노베이션 선도국이 된 것이다.

돌아보면 애당초 신중국부터가 혁신의 산물이었다. 도시 노동자에 근간을 두어야 한다는 전통적인 마르크스주의를 떨쳐내고 마오쩌둥은 농민에 기반한 사회주의 혁명을 이루었다. 시장을 배척해야 한다는 교조적인 공산주의를 배격하고 적극적으로 세계에 참여했던 덩샤오핑의 개혁개방 또한 혁신의 소산이었다. 이제는 과학기술도 선도한다. 혁명국가에서 혁신국가로, 테크노-차이나를 향하여, 우주를 향하여 전력으로 전심으로 맹렬하게 질주하고 있는 것이다.

우주몽과 우주망: 위성 항법에서 기상 예측까지

테크노-차이나의 총사령관이 바로 시진핑 주석이다. 국가가 혁신의 엔진이 되어 '기획된 창조력'을 발휘하고 있다. 조짐은 2015년에 발표된 '중국 제조 2025'에서부터 뚜렷했다. 10대 전략 산업의 하나로 우주 산업을 포함시키며 정책적 의지를 분명히 한 것이다. '우주와 관련된 모든 분야에서 중국이 선도할 것'을 목표로 삼았다. '거대한 우주를 탐사하고 우주항공 기업을 발전시키며, 강력한 항공우주 국가를 건설한다'는 우주몽을 공식화했다. 구체적으로는 2030년까지 중국이 우주 분야의 주요 선진국으로 도약하고, 2045년에는 우주 장비와 기술 면에서 최고의 선진국으로 부상하는 것을 목표로 한다.

5년마다 〈우주 백서〉도 발표하고 있다. 다음 5년의 청사진과 로드맵을 매우 구체적으로 명시한다. 5년 전과 비교해 애초의 목표 달성 시점을 연기하거나 포기하는 경우는 좀처럼 드물다. 오히려 때 이르게 달성하는 경우가 더 많다. 말 그대로 '중국식 속도'로 전개되고 있는 것이다. 이제는 '만만디'라는 낡은 단어는 까맣게 잊어도 좋겠다.

중국은 우주의 '눈'이 되는 지구관측위성과 '신경'이 되는 통신위성에 항행측위위성을 보태어 '우주 인프라'라고 부른다. 이 세 종류의 우주 인프라를 잘 지키는 것이 국가 안보의 중요한 과제로 떠올랐다. 중국의 로켓군을 독자적인 전략군으로 승격시킨 것도 2015년이었다. 내륙의 오래된 도시 시안(옛 장안)에서 중국은 최첨단 로켓 엔진을 생산한다. 추력 120톤급의 고성능 엔진은 액체산소를 주연료로 하여 80톤 무게를 70초 이내에 대기 밖으로 내보낼 수 있는 핵심적인 기술을 확보했다. 시안에 조성된 항공우주 산업 기지는 위성 응용기술, 민간 우주 기술, 공공서비스 플랫폼 등을 개발하는 중국 최대의 우주 산업 기지가 되었다. 제국을 수호하던 병마총의 도시가 우주로 나아가는 전진기지로 탈바꿈한 것이다.

테크노-차이나의 강점은 뭐니 뭐니 해도 압도적인 수의 인재다. 과학기술 분야의 인해전술이라고 하겠다. 로켓과 위성의 개발과 제조는 중국항천과기집단공사(CASC)와 중국항천과공집단공사(CASIC)가 도맡는다. CASC는 종업원 수 17만 4000명, CASIC는 약 15만 명을 헤아린다. 합하면 무려 30만 명이 넘는다. 미국항공우주국(NASA)에서 일하고 있는 1만 8000명에 비해 압도적으로 큰 규모다. 이곳에 투입되는 최고의 인재 공급원 또한 풍부하다. 국책 연구기관인 중국과학원(CAS) 외에도 베이징항공항천대학, 베이징이공대학, 하얼빈공업대학, 서베이공업대학 등에서 우주 인력을 대거 양성하고 있다.

그 빼어난 인재들이 야심 차게 출범시킨 시스템이 바로 베이더우[북두(北斗)]다. 베이더우는 명명백백 미국이 구축한 전 지구 측위 시스템(GPS)의 대항마 격이다. 2000년 첫 위성을 쏘아 올린 이래 2025년 현재까지 총 55기를 발사했다. 그중 임무를 완수하고 더 이상 사용하지 않는 위성이나 백업용으로 대기하고 있는 위성을 제외하면, 35기로 운영되는 체제를 확립했다. 31기로 작동하는 미국의 GPS에 비해 양적으로 앞서가고 있는 것이다. 양적 변화는 곧 질적 진화를 수반한다. 미국의 군사용 GPS의 오차가 30센티미터가량인 반면에, 베이더우는 10센티미터 남짓인 것으로 알려져 있다. GPS가 그러한 것처럼 베이더우 역시 민/군 겸용이 가능하다. 상업적 측면에서도 베이더우는 중국 내수 시장의 엄청난 규모에 힘입어 가파르게 성장하고 있다. 이미 중국 내 스마트폰의 70퍼센트 이상이 베이더우 서비스를 사용한다. 나아가 베이더우 시스템을 일대일로 프로젝트와 긴밀하게 연계하려고 한다. 지상과 천상을 베이더우로 연결해내겠다는 것이다. 일명 '일대일로 우주정보회랑'(Belt and Road Space Information Corridor) 구상이다.

중국은 〈2015 일대일로 백서〉에서 이미 우주와의 디지털 연결성을 협력 우선순위로 설정했다. 〈2016 일대일로 백서〉에서도 우주 협력의 중요성을 강조하고, '일대일로 우주정보회랑'의 건설을 핵심 협력 분야로 제시했다. 〈2017 일대일로 포럼〉에서는 디지털 실크로드에 대한 지원을 강조했는데, 위성통신 서비스 지원이 필요한 대목이다. 이러한 방침은 2019년 디지털 인프라 건설 방침에서도 재확인되었다. 국무원이 발표한 〈2019 베이더우 백서〉에서도 개발도상국에 항법 서비스 등을 제공해 베이더우 시스템과 일대일로를 연계할 계획임을 명확히 밝혔다. 기존의 육로와 해로를 중심으로 추진되었던 일대일로가 베이더우 시스템을 통해 우주를 포괄하는 다차원적 프로젝트로 변모하는 것이다. 베이더우 시스템은 육상, 해상, 우주를 통합함으로써 연결성의 수준을 한 차원 더 높일 수 있다는 점에서 일대일로의 다차원화라고 할 수 있다.

중국은 역내 국가들에 특화된 서비스를 제공할 수 있다는 점을 베이더우 시스템의 강점으로 내세우고 있다. 2019년 5월 중국 정부가 펑윈(風雲) 기상위성을 통해 일내일로 침여 22개국에 재난 예방에 특화된 데이터 서비스를 제공하기로 한 것이 대표적인 사례다. 특화된 서비스의 질적 수준을 향상시키기 위해 중국 정부는 2019년 4월, 81개국을 대상으로 우주 산업 수요 조사를 실시했다. 아프가니스탄, 파키스탄, 이란, 러시아, 수단 등 수요 조사에 응답한 22개국은 모두 기상 예보, 기후 및 환경 모니터링을 위해 펑윈 위성의 응용 소프트웨어 플랫폼을 설치하기를 희망한 것으로 나타났다. 이 국가들은 특히 강수 모니터링, 기근, 황사, 안개, 번개 등 광범위한 서비스뿐만 아니라, 펑윈 위성 데이터 분석, 원격 탐사 응용 프로그램, 데이터 수집 등에 대한 교육과 훈련도 요청했다. 중국은 기상위성의 실시간 재난 모니터링이 재난 예방과 경감에 상당한 효과를 가져올 것으로 예상한다. 이러한 노력의 결과 베이더우 시스템은 이미 동남아시아 국가들을 포함해 30개 이상의 국가에 제공되고 있다.

가령 파키스탄의 카라치에 베이더우 기지국을 설치하고 운영하게 된 것이 2017년이다. 2018년에는 중국창청공업이 나이지리아와 통신위성 2기 수출 계약을 체결했고, 라오스 및 아세안 등 일대일로 상대국의 통신위성 발사 서비스를 대행하는 성과를 낸 것도 일대일로와 우주 협력을 연계한 사례다. 또한 2019년 4월 개최된 제2차 '중국-아랍 베이더우 시스템 협력 포럼'에서는 아랍 국가들에 고품질 항법 서비스를 제공할 뿐 아니라 시스템 건설, 응용 프로그램, 중국-아랍 베이더우 시스템 센터 건설 등에 합의했다. 더 멀리 아프리카와 라틴아메리카 국가들과도 협력해 지상국을 건설하고, 우주에 있는 물체의 위치와 궤도를 관측하는 우주상황감시국(SSA)도 늘리고 있다.

중국이 일대일로와 우주 산업을 연계하는 효과는 다면적이다. 무엇보다 독자적인 항법 시스템을 구축·제공함으로써 우주에서도 미국과 본격적으로 경쟁에 돌입할 수 있는 인프라를 갖추게 되었다. 일대일로 국가들과의 우주 협력을 통해, 미국 중심으로 형성된 기존의 우주 질서를 재편하는 계기로 활용하겠다는 복안이다. 중국 정부가 '네트워크 강대국', '네트워크 공간에서 영향력 향상' 등을 명시적으로 표방하는 데서 이러한 전략적 의도가 드러난다. GPS를 대신하는 또 하나의 세계 표준을 만들어가고 있는 것이다.

과거의 GPS 역할을 했던 것이 나침반이었다. 역시나 중국이 창조한 4대 발명품 가운데 하나였다. 중국인들은 나침반으로 동서남북 사방의 방위를 확인하고, 부모와 조상의 묘지를 구하는 데 활용했다. 그 나침반을 전수받아 화약과 결합해 함정을 만들고 대항해 시대를 개막한 이들이 유럽인들이었다. 해상 패권을 장악하면서 서세동점(西勢東漸)의 대역전극을 연출한 것이다. 바다의 패권을 쥐는 데 핵심적인 고리는 개별 항구에 접근할 권리를 확보하는 것이었다. 대영제국은 콜롬보항, 싱가포르항, 상하이항, 홍콩항을 장악하고 연결하면서 아시아로 진출하여 동방을 지배했다. 대영제국을 계승한 미국 역시도 전 세계 곳곳에 해군 기지를 건설하고 '항해의 자유'를 역설하며 미국식 세계 질서를 구축했다. 지상은 물론이요 해상을 장악해야 글로벌 패권을 행사할 수 있었던 것이다.

이제 중국은 천상의 거점을 선점하고 우주적 네트워크를 가장 촘촘히 구축함으로써 아편전쟁 이래 동/서의 역관계를 반전시키겠다는 대전략을 수립했다고 하겠다. 테크노-차이나라는 중국몽이 우주망과 우주몽으로 진화하고 있는 까닭이다. 그 중국판 우주 대장정과 우주 대항해에 점점 더 많은 민간기업이 참여하고 있다. 뉴 스페이스로 달려가고 있는 중국의 혁신적 스타트업들도 살펴본다.

코스모-사피엔스,
바이오-스페이스

우주의 날, 우주법, 우주 계획 2050

우주를 쥐는 자, 미래를 얻는다. 고로 우주는 곧 미래의 전장이다. 우주 개발 또한 총력전이 아닐 수 없다. 우주 신출은 로켓 제조, 로켓 발사, 우주 탐사로만 그치지 않는다. 인간의 우주 여행을 지원할 금속 및 기계공학, 컴퓨터, 바이오, 연료 등 21세기의 온갖 첨단기술이 복합적으로 응용되어야만 한다. 절로 중국몽과 우주몽은 불가분 깊이 연동되지 않을 수 없다. 그 의지를 확고히 보여주는 날이 바로 '우주일', 즉 중국항천일(中國航天日)이다. 4월 22일은 '지구의 날'이다. 이틀 후인 4월 24일이 '우주의 날'이다. 중국이 우주 개발에 첫발을 내디딘 지 60주년이 되는 2016년에 처음 제정되었다고 한다. 우주 개발의 역사를 깊이 되새기고 탐구와 탐색과 탐험의 정신을 계승하면서, 우주에서도 중화민족의 위대한 부흥을 실현하자는 드높은 의지를 고취하는 날이라고 하겠다.

우주 강국의 비전을 실현하기 위해 과학과 공학에만 투자하는 것도 아니다. 법과 제도, 거버넌스의 구현에도 심혈을 기울이고 있다. 역시나 아편전쟁 이래 서세동점의 뼈아픈 교훈을 복기한 결과다. 국제법의 논리로 중화세계의 해체를 맞았던 19세기의 경험을 반복하지 않겠다는 뜻이다. 도리어 우주 거버넌스, 우주법에서는 선두에 서고자 한다. 만반의 준비를 하고 있음은 2010년부터 10년간 우주법 연구자의 수를 100배로 늘렸다는 데서 단적으로 드러난다. 2020년에는 우주법, 즉 항천법(航天法)이 공식적으로 도입되었다. 현재 국제우주법의 형성에는 유엔(UN) 산하 '우주공간 평화이용위원회'(COPUOS)가 큰 힘을 발휘하고 있다. 여기서도 중국은 자국의 우주법 전문가들과의 연대를 두텁게 하고 있다. 단순히 유엔에서의 영향력 확대에 그치지 않는다. COPUOS와의 논의를 통해 새로운 우주 거버넌스 구축에 깊숙이 개입하겠다는 뜻이다. 19세기의 국제 질서, 20세기의 냉전 질서, 21세기 초의 세계 질서에서는 주도권을 발휘하지 못했으나 장차 열리게 될 2050년의 우주 질서에서만큼은 중국이 이니셔티브를 쥐겠다는 것이다.

우주법의 제정과 함께 발표된 〈우주 계획 2050〉도 흥미로운 문건이다. 2050년까지 지구, 달, 화성을 포함한 태양계의 우주 경제권을 구축하겠다고 한다. 우주 강국이라는 새로운 도전에 임하면서 우주적 차원의 인류 운명 공동체 건설, 우주에서의 인류 문명의 진보에 기여하겠다는 의지를 담은 것이다. 우주 활동이 지속 가능하도록 우주 거버넌스를 입안하고, 지구의 보호와 인류의 미래에 이바지하기 위한 우주 강국의 비전을 밝힌 것이다. 이를 통해 지구에서 인류가 당면한 기후, 환경, 자원 등 지속 불가능성의 문제를 궁극적으로 해결해가는 새로운 장을 펼쳐내겠다고 한다. 즉 더 이상 '천하위공'(天下爲公, 천하는 모두의 것이다)이라는 옛말만으로는 충분치 않은 시대라고 하겠다. '천상위공'의 다른 백년이, '우주위공'의 새로운 천년이 열리고 있는 것이다.

따라서 우주는 더 이상 별 헤는 밤의 서정만을 불러일으키는 미지의 공간이 아니다. 열정을 불지르고 열의를 불태우는 도전과 모험의 프런티어, 개척 공간이 되었다. 그 미답의 우주 경제권의 주체가 중국을 비롯한 국가만일 리도 없을 것이다. 실제로 수많은 민간기업이 우주를 향하고 있다. 국가가 혁신의 엔진이라면, 민간기업은 혁신의 엔도르핀이라고 할 수 있다. 더 멀리, 더 높이, 더 빨리, 우주 시장이 갈수록 뜨겁게 달아오르고 있다. 장안의 시인이 읊조리던, 이태백이 놀던 그 달을 향해 장마당의 첨단, 시장의 첨병, 우주 스타트업들도 폭발적으로 출현하고 있다.

뉴 스페이스 뉴 비즈니스, 우주 스타트업

오성기(五星旗)의 나라 중국에서는 여섯 개의 기업이 특히 반짝거린다.

첫째가 링크스페이스(LinkSpace, 翎客航天)다. 2014년에 설립된 중국 최초의 로켓 제조 업체다. 2019년 8월 재사용 로켓 RLV-T5의 세 번째 실험에 성공했다. 2020년 9월에는 수직으로 이착륙할 수 있고 재사용도 가능한 창정(長征) 2F의 시험 비행에도 성공했다. 따라서 향후 스페이스X의 팰컨(Falcon) 시리즈와 대등한 가격 경쟁력을 갖출 수 있을 것으로 평가된다. 압도적인 로켓 기술을 이용해 지상에서 소포를 배달하는 비즈니스 전략도 가지고 있다. 진정한 '로켓 배송'의 시대가 총알처럼 다가오고 있는 것이다.

두 번째로는 갤럭시스페이스(GalaxySpace, 銀河航天)가 있다. 2016년에 설립된 기업으로 저가 초소형 통신위성을 생산하고 이들을 연결하는 우주인터넷 구축이 주요 사업 영역이다. 2020년 1월에는 24기가 초고속 인터넷을 지원하는 첫 번째 통신위성을 지구 저궤도에 올리는 데 성공했다.

세 번째로는 랜드스페이스(LandSpace, 藍箭航天)를 꼽을 수 있다. 2015년 설립된 저가 발사체 개발 업체다. 2023년에 액체메탄과 액체산소를 섞은 메타록스(Methalox)를 추진 연료로 사용해 최대 4톤의 화물을 200킬로미터 지구 저궤도에 올릴 수 있는 주췌[주작(朱雀)] 2호 로켓을 개발하여 세계적인 주목을 받고 있다.

네 번째로는 i-스페이스(i-Space, 星際榮耀)다. 2016년 설립된 발사체 개발 업체로 '중국판 스페이스X'가 되겠다는 야심 찬 목표를 가지고 있다. 2019년 7월 자체 개발한 하이퍼볼라(Hyperbola) 1호 로켓을 성공적으로 발사한 데 이어 지금은 스페이스X의 팰컨9 로켓처럼 1단 로켓이 발사 직후 다시 지상에 수직으로 내려앉는 재활용 로켓 하이퍼볼라 2호 개발에 집중하고 있다.

다섯 번째는 갤럭틱에너지(GalacticEnergy, 星河動力)다. 2018년에 설립된 이 회사는 2020년 11월, 세레스(Ceres) 1호에 소형 통신 위성인 톈치(天氣) 11호를 실어 지구 저궤도에 올리는 데 성공했다. 세레스 1호는 길이가 약 19미터밖에 되지 않는 새로운 유형의 로켓으로, 지구 저궤도에 350킬로그램 중량의 탑재체를 실어 나를 수 있다. 재활용이 가능한 팰러스(Pallas) 1호 로켓도 개발하고 있다.

마지막으로 2016년 설립된 스페이스티(Spacety, 天儀)가 있다. 주문형으로 6개월 내에 소형 위성을 개발하고 발사하는 신속 서비스를 제공하고자 한다. 2020년 12월에 2차원 레이더 이미지를 활용해 3차원 지상 영상을 복원하는 소형 위성 하이쓰(海絲) 1호를 발사했고, 압도적인 해상도를 자랑하는 사진들도 공개했다. 스페이스티는 이러한 위성 군집을 발사해 고품질 이미지를 저렴한 비용에 제공하고자 한다.

　　이 가운데 2025년 현재 가장 두각을 나타내고 있는 기업은 '중국의 스페이스X'라는 별칭이 생긴 랜드스페이스다. 중국의 민간 우주 기업 중 가장 앞선 기술력과 성과를 보유하며, 2023년 세계 최초로 메타록스 추진 로켓(주췌 2호)을 성공적으로 발사한 민간기업이 되었다. 지금은 메타록스를 사용하면서도 스페이스X의 팰컨9나 스타십(Starship)과 유사한 재사용 로켓을 개발 중이다. 메타록스 로켓은 전통적인 등유 연료 로켓보다 효율적이고 재사용이 쉽다. 2025년에는 주췌 3호(길이 76.6미터, 저궤도 하중 21톤)를 선보일 계획으로, 최대 20회까지의 1단 재사용을 목표로 한다(이는 팰컨9의 재사용성을 벤치마킹한 것이다). 2025년 상반기 테스트 발사에서 성공률 90퍼센트 이상을 달성하면서, 스페이스X의 팰컨9 발사(2025년 현재까지 125회)를 따라잡기 위한 기반을 마련 중이다. 2030년까지 재사용 로켓으로 저궤도 위성 시장의 30퍼센트를 점유하는 것을 목표로 삼고 있으며, 중국국가항천국(CNSA)과 협력하여 달과 화성 미션에 참여하는 것은 물론이요, 브릭스(BRICS) 국가들과도 국제 계약을 확대 중이다.

　　이처럼 중국에서 혜성처럼 등장하고 있는 우주 산업 스타트업들은 설립한 지 겨우 4~5년 남짓 만에 미국의 우주 기업들에 못지않은 괄목할 성취를 거두었다. 궁극적으로 이들 업체의 로켓과 위성 기술은 중국의 초대형 우주인터넷 프로젝트 '궈왕'(國網)으로 통합될 가능성이 높다. '궈왕'은 스페이스X의 스타링크처럼 지구 저궤도에 1만 3000여 개 통신위성을 올려 전 지구를 연결하는 우주인터넷망 구축 프로젝트다. 지상과 천상을 잇는, 지구와 우주를 연결하는 중원의 메가 프로젝트인 것이다. 따라서 만리장성을 쌓아 내/외를 가르고 화(華)/이(夷)를 나누던 과거의 중화제국 또한 깨끗이 잊어도 좋겠다. 우주 멀리 만 리와 억 리까지 지식과 정보가 오고 가는 유니버스 그물망을 엮어가고 있는 것이다.

    개혁개방 40년을 지나며 메이드인차이나, 중국의 제조 역량은 명실상부 세계 최고가 되었다. 테크노-차이나로의 진화에는 기왕의 제조에 금융의 합작이 결정적이다. 미국의 혁신적 산업 생태계를 주도했던 벤처 캐피털도 중국의 우주 스타트업에 집중적으로 투자하고 있다. 미국의 스페이스엔젤스 같은 투자 업체가 랜드스페이스에 거액을 투자했던 경우가 대표적이다. 아울러 지방정부의 역할도 도드라진다. 우주 스타트업이 받는 정부 지원의 대부분이 지방정부에서 나오고 있다. 스타트업들이 지역 사회에 첨단 기술을 가져오고, 그 대가로 기업들은 더 많은 자율성을 부여받고 있다. 특히 지역 대학의 인재를 끌어모을 수 있는 선전과 충칭 등에 주요 기업들이 포진하고 있다. 도시와 금융과 제조가 공진화하는 독자적인 우주 산업의 혁신 생태계가 만들어지고 있는 것이다.

　이와 같은 우주 산업 생태계의 진화는 우주 생태계 자체의 진화도 촉발하고 있다. 그간에는 생명이란 지구라는 예외적인 행성의 고유한 현상이라고만 알았다. 그러나 더 많은 로켓과 위성을 쏘아 올리고 더 많은 우주인이 생겨나면서, 저 광막한 우주에도 생기가 돌고 활기를 띠는 새로운 생태계가 형성되고 있다. 빅뱅 이래 또 한 번의 대폭발, 딥뱅(Deep Bang)이라고 아니할 수 없다.

코스모-사피엔스, 공생자 행성에서 공생자 우주로

천상에 천궁이 있다면, 지상에는 월궁이 있다. 2017년 베이징항공항천대학은 달 표면 기지를 모방한 '생명보장 인공 밀폐 생태계' 실험 장치를 만들었다. 그 이름이 바로 '웨궁'[월궁(月宮)]이다. 여덟 명이 최장 200일간 밀폐 공간 안에서 식물을 재배하며 생활하는 실험을 마쳤다. 웨궁 1호는 종합상황실과 식물실 두 개로 구성되었다. 종합상황실에는 거주 공간, 작업 공간, 화장실, 폐기물 처리 시설 등이 있다. 식물실에는 다양한 식물에 적합한 환경 조건을 정비해 달에서 우주비행사가 장기간 생활하기 위한 연구를 하고 있다. 웨궁의 목표는 10년 이내에 달의 남극에 연구 기지를 건설하는 것이다.

달 탐사선 창어 4호에서도 달 표면에서의 식물 재배 실험이 이루어졌다. 달 표면은 그야말로 엄혹한 환경이다. 낮과 밤이 14일 주기로 반복되면서, 태양이 나타나지 않는 긴 밤은 특히나 가혹하다. 밤에는 영하 190도까지 떨어지고, 낮에는 100도 이상으로 치솟는다. 일교차가 무려 300도 가까이 나는 것이다. 또 달 표면에는 대기가 없어 태양풍이 유독 거세다. 방사선 또한 지구에 비할 수 없을 정도로 드세다. 이곳에서 진행되는 식물 재배 실험에는 알루미늄 합금의 밀봉 용기가 사용된다. 물과 영양액, 산소와 효모균이 들어 있어 감자와 면화의 광합성 작용을 유도하는 것이다. 창어 4호가 달의 뒷면에 착륙한 지 12일 만에 이 인공 생태계에서 면화의 발아가 확인되었다고 한다. 장차 달에서 식량을 생산하고 의류를 보급하는 주도면밀하면서도 야심만만한 실험이 진행되고 있는 것이다.

창어 5호는 달의 토양 샘플을 부지런히 채취하고 있다. 달 표면 아래로 약 2미터 깊이까지 파고 들어간다. 정밀한 토질 분석으로 달 토양에서도 직접 식물 재배가 가능할지를 탐구하는 것이다. 또 광물을 비롯한 달의 구성 물질을 자원으로 쓸 수 있을지도 연구 중이다. 특히 중요한 것이 물의 존재라고 하겠다. 달의 남극에 얼음과 빙하로 뭉쳐진 물이 있다면 장래에 달 기지를 건설할 때 결정적으로 중요하다. 혹여라도 상당량의 물이 발견된다면 달 표면에 항구적인 유인 기지를 건설하는 데 매우 유리하기 때문이다. 물은 생물의 생존에 필요할 뿐만 아니라, 원자력 에너지로 산소와 수소를 분해해서 화성으로 향하는 로켓 연료로도 사용할 수 있다. 나아가 창어 6호는 세계 최초로 달 뒷면의 토양 샘플을 지구로 가져온 탐사선으로 자랑스럽게 기록되었다.

이미 화성 기지를 건설하기 위한 모의 실험도 진행되고 있다. 선전 시에 자리한 우주과학기술 난팡(南方)연구원이 그 현장이다. 장차 인간이 지구 이외의 장소에서 장기 체류하는 것을 목표로 생명 안전 기술을 개발하고 있는 것이다. 식물 실험실에서는 광합성에 필요한 빛을 비추는 제어 시스템이 정비되어 있다. 여기서 식물은 이산화탄소를 흡수하고 산소를 방출하며 수분을 증발한다. 지구 환경과 유사한 미니어처 생태계를 꾸리고 있는 것이다. 만약 이 생태계가 실현된다면 인류는 그간 생존에 적합하지 않던 우주 공간에서도 자급자족하는 생활이 가능해질 것이다.

모의 우주선 캡슐도 만들었다. 네 명의 우주인이 180일간의 격리 생활을 최초로 실험한 것이 2016년이다. 외부와 철저하게 차단된 공간에서 오로지 캡슐 내 순환 시스템을 통해서만 생활해본 것이다. 호흡에 필요한 공기도 자기 순환으로 만들고, 물 또한 캡슐 안에서 순환된 것이다. 그 공기와 물의 순환을 통해 채소와 과일도 모두 캡슐 안에서 자체 공급되었다. 6개월간 진행된 이 실험은 인류의 우주 진출에 대한 가능성을 선구적으로 시험한 것이다.

2022년 중국의 우주정거장 '톈궁'이 완공되면서 이제 천상에서도 이 실험을 이어가고 있다. 물고기와 채소를 기르는 등 다양한 생명과학 실험이 진행 중이다. 중국과학원은 우주정거장의 실험실 모듈인 원톈(問天)과 멍톈(夢天)을 차례로 우주로 발사했다. 톈궁의 오른쪽에 도킹한 원톈 실험실에서는 소형 물고기, 미생물, 물풀로 구성된 작은 밀폐형 생태계를 구축하고, 식물·동물·미생물 세포 등 10여 가지 생명과학 실험을 진행한다. 톈궁의 좌측에 자리한 멍톈 모듈에서는 재료과학 중심으로 우주쓰레기 문제 등을 연구한다. 좌/우 합작으로 톈허(天和), 조화로운 천상을 설계하는 것이다. 문자 그대로 '하늘을 묻고'(問天), '하늘을 꿈꾸는'(夢天) 획기적인 프로젝트다.

즉 우리는 지구라는 행성만의 예외적인 현상이라고 여겼던 생명이 우주 공간으로 확산되는 여명기에 진입했다. 137억 년 전 우주의 탄생과 46억 년 전 지구의 탄생, 35억 년 전 생명의 탄생과 20만 년 전 사피엔스의 탄생에 견주어도 전혀 모자람이 없는 각별하고 특별한 시대에 들어선 것이다. 포스트-어스(Post-Earth) 시대, 코스모스의 산물인 사피엔스가 이제 지구를 벗어나 코스모스의 진화에까지 직접 개입해 들어가는 미증유의 신시대인 것이다. 생명이 우주로 확산되면 될수록 생명에 대한 우리의 이해 또한 한층 깊어질 것이며, 우주과학과 생명과학은 지구의 안과 밖을 연결하며 공진화할 것이다. 공생자 행성에서 공생자 우주로의 대도약. 생명적 우주, 바이오-스페이스의 출현과 함께 생명공학 또한 기하급수적으로 진보할 것임이 명백하다.

과연 스페이스 테크에서 괄목할 성취를 거두고 있는 중국은 바이오 테크에서도 선도적인 위상을 확보하고 있다. 테크노-차이나의 두 번째 탐구 대상으로 생명공학의 최전선을 살펴보는 까닭이다.

바이오 차이나

2

생명공학의 최전선

뉴 노멀, 추격자 국가에서 선도국가로

2022년 중국 과학기술부 첨단연구개발센터는 '2021년 중국 10대 과학기술 혁신 성과'를 발표했다.

단연 우주 기술이 돋보인다. 중국 최초의 화성 탐사선 톈원[천문(天問)] 1호가 2021년 5월 붉은 행성에 착륙했다. 지구-달을 넘어서 성간 탐사로 도약하는 우주 시대의 개막을 알린 것이다. 우주정거장의 핵심 모듈인 톈허(天河)도 사전 설정된 궤도에 정확하게 안착함으로써 중국 최초의 우주정거장 건설 또한 개봉박두를 앞둔 상황이었다. 선저우[신주(神舟)] 12호와 13호 유인 우주선 역시 톈허와 도킹하는 데 성공했다. 한편 달에서 지구로 귀환한 창어 5호로부터 암석과 토양 등 총 1731그램의 달 표면 샘플을 회수했다. 중국 연구진은 가장 어린 암석의 나이를 약 20억 년으로 측정했는데, 이는 이전에 생각했던 것보다 8~9억 년 더 젊은 것이었다. 이로써 달이 훨씬 더 늦게까지 화산 활동을 유지했음을 알게 되었다. 심우주(Deep Space)로 가는 기술 혁신도 인상적이다. 지름 500미터의 구면 전파망원경(Five-hundred-meter Aperture Spherical radio Telescope, FAST)을 사용하여, 단일반복고속무선버스트(Fast Radio Burst, FRB)에서 1652개의 독립적인 버스트를 감지했다. 지금까지 감지된 것 중 가장 큰 규모라고 한다. 이로써 심우주에서 보내는 신비한 신호의 기원을 밝히는 데도 기여하게 되었다. 거듭 2021년을 우주 굴기의 상징적인 해로 기억하는 까닭이다.

배터리, 로봇, 양자컴퓨터에서도 중대한 성취를 거두었다. 고성능 리튬이온섬유 배터리의 대규모 생산을 실현했다. 의복을 통해 전자제품을 무선으로 충전하는 미래가 한 발짝 더 가깝게 다가온 것이다. 푸단대학교 연구원들이 개발한 1미터 길이의 섬유를 통하면 스마트폰, 스마트 팔찌, 심박수 모니터와 같은 웨어러블 전자제품에 지속적으로 전원을 공급할 수 있게 된다. 또한 해저 1만 미터에서도 작동할 수 있는 소프트 로봇을 개발한 것도 쾌거라고 하겠다. 세계 최초로 마리아나 해구에서 자체 동력으로 자유롭게 수영하는 로봇의 테스트를 완료한 것이다. 62큐비트 프로그래밍이 가능한 초전도 양자 프로세서도 설계했다. 5세기 중국의 유명한 수학자이자 천문학자 조충지(祖沖之)의 이름을 딴 이 양자컴퓨터 '쭈충즈'는 세계에서 가장 많은 초전도 큐비트를 포함하고 있다.

그리고 나머지 세 분야가 생명과학에 해당하는 기술이다. 중국의 과학자들이 이산화탄소로 전분을 합성하는 인공적인 방법을 세계 최초로 개발했다고 한다. 중국과학원 산하 톈진산업생명공학연구소가 실시한 이 획기적인 연구는 2021년 9월 24일 〈사이언스〉에도 실렸다. 코로나 바이러스 연구도 한 걸음 더 진척시켰다. 칭화대학교와 상하이이공대학의 공동 연구진은 확장된 SARS-CoV-2 복제 및 전사 복합체의 극저온 전자현미경 구조와 그 변형 및 작동 메커니즘에 대한 통찰력을 제공했다. 조류 이동 경로의 시공간 역학과 장거리 이동의 유전적 기초를 해독하는 성과도 거두었다. 송골매가 북극으로 이동 경로를 형성하는 주요 요인을 밝히고, 이동 길이를 결정하는 데 중요한 역할을 하는 핵심 유전자도 식별하게 된 것이다.

중요한 것은 이 10대 과학기술 혁신의 성과가 비단 중국 내부의 사안에 그치지 않는다는 점이다. 중국을 넘어 세계 최고의 혁신을 성취한 것이다. 이미 중국은 제조업을 모방하던 추격자 국가가 아니다. 혁신과 창조로 미국을 추월하려는 선도국가로 탈바꿈했다. 상징적인 것이 과학 논문의 양과 질에서 노정되는 지식의 업그레이드다.

2022년 한국과학기술정보연구원(KISTI)에서 발표한 〈글로벌 미·중 과학기술 경쟁 지형도〉 보고서가 주요한 참조점이 된다. 이 보고서는 과학 분야를 10개로 나눠 2000년부터 2019년까지, 21세기 첫 20년 동안의 논문 수와 피인용 지수 최상위 1퍼센트의 논문 수를 비교했다(이 10대 분야는 컴퓨터·정보과학, 물리·천문학, 화학, 생명과학, 전기전자공학, 기계공학, 화학공학, 재료공학, 나노기술, 임상의학이다).

과학 분야의 논문 수에서 중국은 이미 미국을 추월했다. OECD 통계에 따르면 중국은 미국을 2017년에, 유럽연합을 2019년에 각각 추월했다. 2020년 기준으로 중국은 한 해 66만여 건의 논문을 발표해 전 세계 학술 문헌의 21.2퍼센트를 차지했다. 유럽연합과 미국의 점유율은 각각 19.7퍼센트, 15.6퍼센트다. 논문의 질에서도 중국은 미국을 뛰어넘었다. 2000~2002년만 해도 미국은 10개 분야 모두 논문의 양과 질에서 압도적인 1위였고, 중국은 5위권 안팎에 머물렀다. 하지만 10년이 지난 2010~2012년에는 양과 질 모두에서 중국이 2~3위로 오르며 미국의 턱밑까지 쫓아왔고, 2017~2019년에는 8개 분야에서 미국의 피인용 지수 최상위 1퍼센트 논문 수를 넘어섰다. 중국의 2017~2019년 피인용 지수 최상위 1퍼센트 논문 점유율은 최소 43.41퍼센트(물리·천문학)에서 최대 71.37퍼센트(나노기술)에 이른다. 특히 5개 분야에서는 미국과의 격차가 두 배 이상 벌어졌는데, 화학, 전기전자공학, 기계공학, 화학공학, 나노기술이다. 하나같이 인공지능, 양자컴퓨터, 반도체 등 21세기 기술패권을 좌지우지할 수 있는 최첨단 영역이다.

실제로 중국은 기초과학은 물론이요, 제조 공정 개발 등 응용 분야에 대한 투자도 확대하고 있다. 2021년 3월 전국인민대표대회에서 리커창 총리는 AI, 양자, 뇌과학, 유전자 바이오, 임상의학, 집적회로, 심해·우주·극지 탐험 등 7개 핵심 기술을 중점적으로 육성하겠다고 밝혔다. 시진핑 주석도 양자기술 발전의 필요성을 직접 언급했다.

여기서도 중국 특유의 인해전술이 작동한다. 2000년 당시 미국과 중국 대학의 과학·기술·공학·수학 분야 박사 졸업생은 각각 1만 8289명과 9038명으로 두 배의 격차가 있었다. 하지만 20년이 지난 2019년에 중국의 박사 졸업생은 4만 9498명으로, 미국의 3만 3759명을 넘어섰다. 그리고 2025년에는 7만 7179명으로 미국(3만 9959명)의 두 배 가까이 되었다. 2050년이 되면 그 격차가 얼마나 벌어질지 예상하기가 쉽지 않을 정도다.

이러한 통계적 추세를 살피노라면 왜 2016년에 집권한 트럼프 행정부가 기술패권 전쟁을 발동했고, 2020년에 집권한 바이든 정부 역시 그 기조를 그대로 이어갔는지가 단적으로 드러난다. 이대로 간다면 양적인 경제 규모만이 아니라 질적인 과학기술 영역에서도 미·중 간의 대반전이 일어날 것임이 너무나도 명백하기 때문이다.

중국이 아직 미국을 따라잡지 못한 영역이 생명과학과 임상 의학이다. 이른바 '바이오'라고 통칭되는 분야다. 앞의 보고서에서, 중국의 피인용 지수 최상위 1퍼센트 논문의 비율은 생명과학이 22.86퍼센트로 2위, 임상의학은 11.69퍼센트로 9위였다. 두 분야 모두 미국이 1위라는 점은 화이자, 모더나 등이 백신 시장을 석권했던 코로나 팬데믹 국면에서도 확인된 바 있다. 달리 말하면, 생명공학 분야에서도 중국이 미국을 능가한다면 명실상부 21세기 과학기술 선도국가로 자리매김한다고 하겠다.

실제로 중국에서는 생명공학에 과감한 투자가 이루어지고 있다. 일단 생명 산업이 번창할 수 있는 사회적 토대가 갖추어져 있다. 중국은 14억이라는 세계에서 두 번째로 거대한 인구를 보유하고 있으며(2023년에 인도가 인구 1위 국가가 되었다), 가파른 고령화의 진행 또한 생명공학 발전에 우호적인 환경이다. 의료 분야에 대한 수요가 급증하고 있기에 자연스레 바이오 테크의 혁신이 시급한 것이다.

일단은 지피지기, 중국은 앞서가고 있는 서방과의 파트너십에 공을 들이고 있다. 다국적 제약회사들이 중국 현지의 연구개발 허브를 활용하도록 지원하는 정책을 펴고 있다. 미·중 간의 갈등에도 불구하고 이러한 지원책은 효과를 거두고 있다. 다국적 컨설팅 회사 맥킨지(McKinsey)의 2021년 10월 보고서에 따르면, 지난 1년 동안 서방과 중국의 기업 간에 12건의 지적 재산권 판매 계약이 체결되었다. 미국 굴지의 제약회사 릴리(Lilly)가 2021년 12월 중국의 바이오 회사 레고르 테라퓨틱스(Regor Therapeutics)에 15억 달러를 투자한 것이 대표적인 사례다. 거꾸로 규모가 큰 중국 생명공학 기업들이 선진 기술 습득을 위해 미국에 직접 진출하기도 한다. 2021년 중국 제약사의 미국식품의약국(FDA) 승인 신청 건수 또한 전년보다 크게 증가했다.

한편 수십 년 동안 미국의 주요 대학에서 훈련을 받고 글로벌 바이오 제약회사에서 일하던 중국 연구자들의 행보도 달라지고 있다. 고등교육과 기초과학에 대한 정부의 막대한 투자로 중국의 대학 수준이 나날이 향상되자 우수한 생명공학 및 생화학 졸업생들이 굳이 해외로 나갈 필요가 없게 되면서 그 수가 극적으로 증가한 것이다. 또 해외 경험과 높은 수준의 연구 역량을 갖춘 STEM(과학, 기술, 공학, 수학) 인재를 유치하기 위한 중국 정부의 정책적 노력으로, 세계적 수준을 자랑하는 중국 과학자들이 속속 미국을 떠나 본국으로 돌아오고 있다. 중국 동해안을 따라 형성되고 있는 바이오베이(BioBAY) 공업단지가 상징적이다. 생명과학과 의공학 분야에서도 해외 의존도를 낮추고 자력갱생으로 고급 인재를 양성하는 학계와 산업 간 협력 벨트가 조성되고 있는 것이다. '스페이스 차이나'에 이어 '바이오 차이나'가 굴기하고 있다.

바이오 붐, 신약 개발에서 유전자 분석 정밀의료까지

바이오에서도 혁신의 엔진은 국가이며 민간은 엔도르핀 역할을 하면서 중국 특색의 산업 생태계를 형성해가고 있다. 일찌감치 '중국 제조 2025'의 10대 핵심 성장 동력 중 하나로 생명공학을 선정하면서 정부가 앞장서 적극적인 투자와 지원에 나섰다. 상대적으로 느슨한 규제와 방대한 인적 자원, 풍부한 생물다양성을 등에 업고 혁신에 혁신을 거듭해 미국의 바이오 테크 패권에 도전하고 있는 것이다.

2008년부터 시작된 해외 고급 인재 유치 프로그램 '천인(千人) 계획'을 통해 귀국한 8000여 명(2020년 기준) 중 약 3분의 1 정도가 바이오의약 분야 과학자들이다. 현재 중국의 생명공학 분야 고급 연구개발 인력은 4만 명 수준이며, 매년 2000여 명의 생물학 박사를 배출하고 있다. 2010년부터 바이오 산업의 연평균 성장률은 15퍼센트 이상을 유지하고 있으며, 2020년에는 그 규모가 약 8~10조 위안(한화로 약 1600~2000조 원)으로 성장했다.

특히 바이오신약 분야가 두드러진다. 백신, 항체 및 세포 치료제 분야에서 신약 개발에 집중하고 있다. 이 또한 중국 정부가 핵심 기술을 중점적으로 육성하기 위해 2006년부터 추진 중인 '국가과학기술 중대전문프로젝트'(國家科技重大專項)의 소산이라고 하겠다. 10대 중대 질환(악성종양, 심뇌혈관 질환, 신경퇴행성 질환, 당뇨병, 정신성 질환, 자가면역성 질환, 내약성 병원균 감염, 폐결핵, 바이러스 감염성 질환, 기타 다발성 질환) 중심의 백신과 항체 연구개발에 집중해왔던 것이다.

그 결과 중국은 최근 10여 년 동안 백신, 단일클론항체 및 세포 치료제 등의 신약을 잇달아 출시했다. 군사의학과학원 산하 바이오공정연구소와 캔시노(CanSino)는 중국 최초의 에볼라 백신(2017)을 만들었고, 베네매(Benemae)는 중국 최초로 당뇨 분야 바이오신약인 베나글루타이드 주사(2016)를 출시했다. 또 칩스크린(Chipscreen)은 중국 최초의 항T세포 림프종 신약인 치다마이드(2014)를, 캉훙(康弘)은 단일클론항체 황반변성 치료제인 콘버셉트(2013)를 시장에 내놓았다. 특히 중국 제약사 허치메드(Hutchmed)가 개발한 경구용 대장암 항암제 프루퀸티닙은 2023년에 미국 FDA의 승인까지 얻으면서 중국산 혁신 신약이 글로벌 시장에 진출한 대표적인 사례가 되었다.

한편 열아홉 명의 전문가로 구성된 '국가정밀의료전략 전문가위원회'가 설립된 것은 2015년이다. 2030년까지 600억 위안(한

화로 약 12조 원)의 연구비를 투입할 계획이라고 한다. 2025년까지 진행된 이 정밀의료 연구 프로젝트에는 차세대 임상용 생명체학 기술 연구개발, 대규모 집단(환자, 건강인) 연구, 정밀의료 빅데이터 자원 통합·저장·공유 플랫폼 구축, 질병 예방·진단·치료 방안의 정밀화 연구 등이 포함되어 있다.

정밀의료에서 가장 각광받고 있는 분야는 유전자 분석이다. 임상치료의 경우 종양 정밀진료, 유전질환 진단, 출산 전 검진 및 착상 전 배아 진단 등 4개 분야에 투자가 집중되고 있다. 현재는 산전 검진 분야에 활용되지만 앞으로 종양 분야로 파급력이 매우 커질 것으로 전망된다. 쓰촨대학화시병원 한 곳에서만 폐암 등 10개 질환을 타깃으로 미국의 정밀의료 계획 규모와 맞먹는 100만 명급 유전자 분석 프로젝트를 가동할 예정이다. 칭화대학교, 푸단대학교, 중국의학과학원 등도 우수한 자체 병원 자원을 통합해 위암·간암 등 중국 내 발병률이 높은 종양 진료 중심의 정밀의료센터를 구축 중이다.

'줄기세포연구 국가지도조율위원회'를 설립한 것은 2010년이다. 베이징, 상하이, 광저우, 쿤밍 등 네 곳의 연구센터로 구성된 줄기세포·재생의학 연구 네트워크를 형성하고 있다. 또 '국가자연과학기금위원회'도 줄기세포 분야의 대형 프로젝트를 지속적으로 지원하고 있다. 중국은 상대적으로 치료를 위한 복제 및 배아

줄기세포 연구에 대한 규제가 느슨한 편으로 기초연구 분야에서 성과를 탄탄하게 쌓아 올렸다. 2016년에는 줄기세포 임상연구 병원 30개를 지정하면서 치료용 줄기세포 임상연구를 본격적으로 허용했다.

이러한 국가 차원의 전폭적이고 지속적인 지원에 힘입어 연구 성과들도 잇달아 나오고 있다. 중국과학원 동물연구소는 인간 배아줄기세포를 이용한 파킨슨병 치료와 황반변성 치료 분야에서 성과를 냈다. 또 최초로 안정적인 2배체 형식으로 존재하는 이종 교잡 배아줄기세포를 배양했다. 한편 중산대학교 연구진은 줄기세포를 이용해 백내장 치료를 위한 수정체 원위치 재생에 성공하기도 했다.

이러한 흐름 속에서 IT업계의 거물들이 속속 바이오 산업에 투신하고 있음이 눈에 띈다. 2021년 3월 테무의 모기업 핀둬둬(拼多多)의 창업자이자 회장인 황정이 일선에서 물러나면서, 향후 식품과학과 생명과학 연구에 매진할 것이라고 밝혔다. 또 틱톡을 개발한 바이트댄스의 CEO 장이밍도 같은 해에 사임하면서 뇌 질병 연구 등의 프로젝트를 언급했다. 그리고 2023년부터는 알리바바의 앤트그룹(Ant Group, 螞蟻集團)이 AI 의료 분야에서 빠르게 성장하고 있으며, 화웨이 역시 2025년 AI 의료 분야에 본격적으로 뛰어들었다. 이처럼 중국의 IT 거장들이 생명과학 분야를 '제2의 봄'

으로 간주하며 민간의 투자 붐을 독려하고 있는 것이다.

AB클론(ABclonal)이 대표적인 기업이다. AB클론은 고정밀 연구용 시약과 항체, 단백질, 유전자 염기서열 분석 등 다양한 제품과 서비스를 제공하는 업체로, 특히 항체 개발 분야에서 독보적인 기술력을 인정받고 있다. 창업자 우즈차이(吳知才)는 2011년 '중국 자체 항체'를 만들겠다는 포부로 창업하여, 2015년에는 우한에 항체 생산 기지를 건설하고 1만 개 이상의 항체 생성에 성공했다. 현재 AB클론은 미국과 유럽, 일본 등에도 지사를 두어 글로벌 공급망을 구축하고 있으며, 2021년에는 미국의 최대 항체 개발 업체인 유로젠(Yurogen)까지 인수해 사업 범위가 더욱 크게 확장되었다.

난징에 본사를 둔 난징레전드바이오테크(Nanjing Legend Biotech)도 주목할 만하다. 중국의 작은 바이오 벤처기업이었던 이 회사는 2017년 미국임상종양학회(ASCO)에 놀라운 결과를 발표했다. 자사가 개발 중인 CAR-T 치료제를 다발골수종 환자에게 투여했더니 94퍼센트에서 효과가 나타났다는 내용이다. CAR-T 치료란, CAR-T라는 면역세포의 일종인 T세포를 유전자 조작해 암세포를 공격하도록 하는 치료법이다. 면역세포가 암세포만 정확하게 표적하기 때문에 체내 정상 세포의 손상을 최소화하는 획기적인 암 치료법으로 주목받고 있다. 그로부터 6개월 뒤, 미국 존슨앤드존슨(J&J)은 난징레전드바이오테크에 3억 5000만 달러(한

화로 약 3800억 원)를 투자하고 라이선스 계약을 체결했다. 이후 중국은 CAR-T 치료 강국으로 거듭났다. 2020년까지 CAR-T 치료제 임상시험의 절반 이상이 중국에서 시행됐으며, 현재 전 세계 CAR-T 치료의 4분의 1 이상이 중국에서 진행 중이다. 생명과학의 붐이 도래했으며, 바이오 테크의 붐이 일어나고 있는 것이다.

뉴 바이오, 질병 극복을 넘어 인공생명으로

2015년은 중국의 의생명과학에 획을 긋는 한 해였다. 생리의학 분야의 노벨상 수상자 가운데 한 사람으로 중국의 투유유(屠呦呦)가 선정된 것이다. 그해 노벨상은 오랫동안 인류를 괴롭혀온 기생충 감염의 치료제를 개발한 과학자들에게 헌정되었다. 그중 투유유는 1971년 말라리아 환자의 사망률을 현저하게 낮추는 데 효과가 있는 약물 아르테미시닌(Artemisinin)을 개발한 공로를 인정받아 노벨상을 수상했다. 또한 2016년에는 유네스코에서 수여하는 국제생명과학연구상까지 수상했다.

투유유는 1930년 저장성 닝보에서 태어났다. 1951년 베이징 의학원(현 베이징대학교 의과대학) 약학과에 진학해 식물학, 본초학, 식물분류학 등을 전공하고, 졸업 후에는 중의연구원에 근무하면서 전통의학인 중의학을 공부했다. 투유유가 말라리아 연구를 시작하게 된 계기는, 1967년 말라리아 치료제 개발을 위한 중국 정부의 비밀 군사 프로젝트 '523항목'이었다. 당시 미국과 전쟁 중이던 베트남이 말라리아로 엄청난 사상자가 발생하자 중국에 치료제 개발을 부탁했고, 중국 내에서도 감염자가 급증하는 상황이었다. 이 프로젝트에 당시 전국 60여 곳 연구기관에서 500여 명의 인력이 동원되었다고 하는데, 투유유도 그중 하나였다.

투유유는 중국의 전통 의학서에 기록된 학질(말라리아) 치료 약제 200여 종 가운데 개똥쑥(Artemisia annua)에 대한 연구를 진행했다. 특히 4세기의 《주후비급방》(肘後備急方)에 언급된 개똥쑥의 효능과 처방에 주목했는데, 여기에 착안하여 190여 차례의 실험과 실패를 거친 끝에 1971년 10월 마침내 유효한 성분을 얻어내는 데 성공했다(사람을 대상으로 한 임상실험에서는 본인이 직접 자원해 실험 대상이 되기도 했다). 이 성분이 바로 아르테미시닌이다. 아르테미시닌은 매년 200만 명 이상을 사망에 이르게 하는 말라리아의 발병 초기 단계부터 기생충을 빠르게 박멸해 개발도상국에서 인명 피해를 줄이는 데 크게 기여했다.

무엇보다 투유유는 노벨상을 수상한 여느 과학자와 달리 박사 학위도 없고, 중국 과학계 최고 권위를 상징하는 원사 칭호도 없으며, 해외 유학 경험도 없는 '3무(無) 과학자'로서 이채를 띤다. 2016년에는 중국에서도 최고 과학기술상을 받는 첫 번째 여성 학자가 되었으며, 86세의 최고령 수상자라는 기록도 세웠다. 2019년에는 중화인민공화국 수립 70주년을 기념해 다른 일곱 명의 과학자와 함께 공화국 훈장까지 받는다.

아르테미시닌은 '세계에 대한 중국 한방약의 선물'이라는 투유유의 언명이 상징하는 것처럼, 중국의 오래된 전통의학과 서방에서 전수된 현대적 임상의학의 융합으로 전 인류의 건강 증진에 크게 이바지했다. 말라리아는 매년 2억 명가량의 사람들을 감염시켜왔다. 아르테미시닌의 발견과 치료로 말라리아 환자의 사망률이 전체적으로 20퍼센트, 어린이의 경우는 30퍼센트까지 감소했다. 아프리카에서만도 한 해에 10만 명이 넘는 사람들의 목숨을 구해낸 것이다. 투유유가 뉴 차이나, 뉴 바이오의 상징적 인물로 회자되는 까닭이다.

2018년 다보스 포럼은 21세기를 '생명과학의 시대'가 될 것이라고 장담했다. 20세기가 물리학과 공학의 융합으로 우리의 세계를 완전히 바꿔놓았다면, 다음 백년인 21세기는 생물학과 공학이 우리의 미래를 깊게 바꿔놓을 것이라는 전망이다. 생명공학 기술, 즉 바이오 테크는 유전체학, 생화학, 분자생물학 등 다양한 생명과학 분야에서의 발견을 고부가가치 제품과 서비스 생산에 이용하는 기술이다. 그 생명공학의 대약진은 질병과 고통의 극복이라는 인류의 오래된 꿈을 실현해가는 차원을 넘어서서, 인간이 식물과 동물은 물론이요 인간 그 자체의 유전자를 편집하고 다종다양한 인공생명(활물)을 창출하는 전대미문의 단계로 진입하고 있다. 인간의 게놈을 완벽하게 해독한 인류는 이제야 겨우 생명을 깊이 이해하기 시작했다. 그리고 그 놀라운 지식과 정보를 바탕으로 새로운 생명을 창조하는 전인미답의 시대로 돌입하고 있는 것이다. 각별한 점은 그 경이와 경탄을 자아내는 생명과학의 끝없는 탐구와 혁신에서 이제는 중국이 앞장서고 있다는 사실이다.

제로(0)에서 원(1)으로, 재활과 재생을 넘어 신생으로 도약하고 있는 중국의 바이오 테크 현황을 더 깊숙이 탐구해보기로 한다. 농업 문명 시대, 무위자연의 지혜를 설파하던 고전적 중국은 서서히 잊히고 있다. 중원에서 펼쳐지고 있는 인위자연과 인공생명의 낯선 신세계를 탐방한다.

인위자연,
인공진화

인공모기: 전염병 예방의 게임 체인저

"모기가 모든 것을 바꾸었다." 역사학자 티모시 와인가드(Timothy C. Winegard)의 말처럼 인류의 역사는 모기로 인해 바뀌었다. 모기는 우리의 밤잠을 괴롭히는 한낱 성가신 미물에 그치지 않는다. 바이러스를 전파하는 매개자로서 문명의 행로에 지대한 영향을 미쳐온 주역이자 주체였다. 로마제국과 몽골제국 등 한 시대를 호령했던 제국의 흥망성쇠에도 모기는 자리했다. 대항해 시대의 개막과 더불어 전 세계로 확산됐던 '콜레라 시대'의 개창에도 모기는 혁혁한 역할을 수행했다. 최신의 사회과학 담론인 '행위자 네트워크 이론'에 빗대어 표현하자면, 모기는 세계사의 전환과 문명사의 변화에 중차대한 행위자(Agent)로서 막중한 역할을 수행해온 것이다.

실제로 인류의 전 역사를 망라하면 모기 때문에 죽은 사람이 전체 사망자의 절반으로 추산될 정도다. 지금껏 지구에 존재한 1080억의 사람들 가운데 절반에 해당하는 520억 명이 직간접적으로 모기로 인해 죽었다고 한다. 모기가 치명적인 이유는 말라리아, 지카 바이러스, 뎅기열, 황열 등의 전염병을 옮기기 때문이다. 근현대 의학의 발전으로 이런 질병의 사망률이 극적으로 낮아지긴 했지만, 오늘날에도 지구 곳곳에서 모기는 여전히 치명적인 질병을 옮기는 주요 매개체다.

모기는 곤충강 쌍시목 모깃과에 속한다. 자연계에는 총 3500여 종이 있는 것으로 추산되는데, 혈액을 먹고 사는 육식 모기는 극히 드물다. 그중에서도 사람의 피를 빨아먹는 종은 200여 종에 그친다. 즉 전염병을 옮기는 모기는 희귀종이다. 얼룩날개모기, 집모기, 숲모기 등 극소수다. 동아시아에 널리 퍼져 있는 흰줄숲모기는 오로지 암컷만이 사람의 피를 빨아먹는다. 암컷은 보통 한 달 미만의 짧은 일생을 산다. 수컷 모기는 암컷과 단 한 번 교미할 수 있으며 교미 후 바로 생을 마감하는 반면, 암컷은 산란할 때마다 피를 먹어 난소에 영양을 공급해야 한다. 암컷 한 마리가 수백 마리의 후손을 남겨 종을 번성시키는 것이다.

이렇게 번식력이 강한 모기를 없애기 위해 인류는 온갖 방법을 동원해왔다. 한때는 화학 살충제가 주로 쓰였다. 하지만 화학제품 자체가 환경에 해를 끼치는 데다가 모기 또한 이에 적응해 내성이 생겼다. 세계보건기구(WHO) 통계에 따르면, 2010~2017년 68개 나라에서 말라리아를 옮기는 모기가 살충제 5종에 내성을 가졌다고 한다.

여기서 게임 체인저가 등장한다. 인간과 모기의 관계를 전환시키는 획기적인 방법이 고안된 것이다. 오랑캐로 오랑캐를 무찌르는 이이제이(以夷制夷)의 전통을 계승한 중국 과학자들이 그 첨단에 있다. 이문치문(以蚊治蚊), 즉 '모기로 모기를 다스리는' 것이다. 특정한 균에 감염된 수컷 모기를 대량으로 방사해 암컷의 번식을 차단한다. 생명과학 기술을 이용해 '인공모기'를 창조하고 인위적인 진화를 유도하여 건강하고 안전한 인류의 환경을 조성하는 것이다.

그 상징적인 인물이 중산대학교의 시즈융(奚志勇) 박사다. 그가 이끄는 연구진이 〈네이처〉에 '모기로 모기를 다스리는' 연구를 소개한 것이 2019년 7월이었다. 2015년부터 중국 광저우의 작은 섬 두 곳에서 흰줄숲모기 수억 마리를 연속 방사했다고 한다. '생식 조종 목마'라고 하는 볼바키아(Wolbachia)균을 가진 수컷 모기를 대량으로 풀어둔 것이다. 볼바키아는 모계로 유전되는 숙주의 생식 행위를 조종하는 세포 내 공생균이다. 이 균에 감염된 수컷 모기가 야생의 암컷 모기와 교미하게 되면 암컷 모기는 더 이상 새끼를 낳을 수 없다. 이 현상을 생리학적으로는 '세포질 불일치'라고 표현한다.

거의 반세기에 이르는 지난한 연구의 결실이었다. 무려 1960년대 미얀마(당시 버마)까지 거슬러 오른다. 한 마을이 열대집모기로 몸살을 앓았다. 열대집모기는 사상충증을 옮기는 매개체다. 1967년 독일 마인츠대학교 유전학연구소의 라벤 박사는 유럽에서 다른 집모기를 찾았다. 이 집모기가 가진 볼바키아균은 미얀마 현지의 집모기에 있는 균과는 달랐다. 이 둘을 교배하자 자손이 생기지 않았던 것이다. 라벤은 유럽의 이 집모기를 미얀마로 가져와 12주 만에 열대집모기를 없애는 효과를 거둔다. 인류 역사에서 처음으로 '세포질 불일치' 기술을 이용해 특정 모기 종을 억제한 사례로 기록되어 있다. 라벤은 자연의 신비를 이용했지만, 중국의 과학자들은 자연에서 우연히 찾게 되는 행운에 만족하지 않았다. 발견이 아니라 발명을, 창조를 하고자 한 것이다. 시즈융 박사가 실험실에서 인공적인 모기를 만들어내기로 한 저간의 사정이다.

물론 그 인공적인 모기의 창조와 인위적인 진화의 창출은 고된 연구의 과정이었다. 미국으로 유학을 가서 박사과정을 시작하고 2년이 지나도록 아무런 성과를 거두지 못했다. 켄터키대학교의 박사과정 지도교수위원회에서는 이 연구가 논문 주제로 적합하지 않아 졸업하지 못할 수 있다는 의견까지 나왔다. 결국 학위는 다른 주제로 받게 되었지만, 모기로 모기를 퇴치하는 방법에 대한 연구 자체를 포기하지는 않았다. 관건은 선대와 후대 사이의 유전에 개입하는 것이었다. 볼바키아균을 주사해서 1세대 모기가 균을 갖게 되더라도 2세대로는 전달이 되지 않았다. 유전이 불가능하다면, 모기와 볼바키아균의 공생관계를 만드는 것이 아니라 일시적인 감염에 불과한 것이다.

돌파구는 모기의 알에서 열렸다. 볼바키아균을 모기의 성충이나 유충에 주사해서는 유전이 되지 않는다. 그러나 모기 알에 주사했더니 수직적 전파, 즉 유전이 일어났다. 그러나 볼바키아균을 알에 주사하는 일 자체가 녹록지 않은 과제였다. 모기 알은 사실상 세포 덩어리다. 소화계, 신경계, 생식계, 면역계로 분화되기 이전의 상태다. 생식계에 정확하게 주입해야만 유전적 효과를 얻을 수 있다.

실패에 실패를 거듭하며 기존의 연구 문헌들을 섭렵하던 차, 1970년대에 일부 과학자가 초파리 알의 머리 부분 세포질을 다른 초파리 알의 꼬리 부분에 주사했더니 머리가 두 개 자라난 사실을 알게 되었다. 프린스턴대학교에서 초파리 배아 발육을 연구해 1995년 노벨 생리의학상을 받은 에릭 위샤우스(Eric F. Wieschaus)의 연구에서 실마리를 찾은 것이다. 위샤우스는 초파리 알의 각

부분이 자라서 무엇이 되는지를 명확하게 밝혀냈다. 모기 알 또한 마찬가지였다. 각 위치마다 발육되는 기관이 고정되어 있다. 꼬리 부분이 생식기관으로 자란다. 즉 모기 알의 생식기관으로 자라날 위치에 볼바키아균을 정확하게 주입하는 방법을 알아낸 것이다.

공간과 더불어 시간도 중요했다. 정확한 위치 다음으로는 주사를 놓을 시기도 적확하게 맞아떨어져야 했다. 시즈융은 모기 알이 발육하기 전 60~90분 안에 주사해야 한다는 점을 알아냈다. 이때는 알이 회색에서 검은색으로 변하는 과도기다. 알이 세포질 덩어리일 때 균을 주사하면 세포가 끊임없이 분열하고, 그보다 어린 흰색일 때 주사하면 알이 살아남지 못한다. 발육 후기까지 기다리면 생식세포와 면역세포가 형성된 다음이어서 주사하기가 어렵다. 딱 그 사이의 한 시간 정도만이 주사를 할 수 있는 예외적인 시간이었던 것이다.

그러나 또 그것으로 끝난 것이 아니었다. 위치와 시기를 정확히 파악한 다음에도 주사 방법을 정밀하게 설계해야 했다. 시즈융이 석영으로 고안한 주삿바늘은 머리카락보다도 가늘었다. 그 주사기로 주사하기 전에도 알을 조금 말려 수분을 줄여야 한다. 세포 내압을 약간 낮춰야 주사할 때 세포 내부 물질이 터져 나오지 않기 때문이다. 숙련된 연구원이 주사해도 생존율이 10~15퍼센트에 그친다. 모기 알 100개 가운데 10~15개만 살아남는다는 뜻이다. 즉 배아에 균을 주입하는 주사 자체가 거의 예술에 가까운 경지를 요구한다고 하겠다.

균에 감염된 수컷 모기를 연속적으로 방사하자 야생의 암컷 모기보다 개체 수가 훨씬 많아졌고, 대다수의 야생 암컷 모기가 감염된 수컷 모기와 교미하기 시작했다. 즉 이 모기들의 자손이 생기지 않게 되었다는 뜻이다. 결국 모기 수는 극적으로 줄어들었고, 특정 지역에서는 거의 사라지다시피 했다. 수학 모형에 따르면, 감염된 수컷 모기와 야생의 암컷 모기 수가 5 : 1이 되도록 유지해야 한다. 이 방법으로 시험한 결과 2016~2017년 흰줄숲모기 유충 수가 연평균 94퍼센트 넘게 줄었고, 13주 뒤에는 부화한 알이 전혀 없었다. 또 야생의 암컷 모기 성충 수도 연평균 83~94퍼센트 줄어들었다. 6주가 넘도록 암컷 모기가 발견되지 않기도 했다. 인류와 모기의 지난한 투쟁의 역사 속에서 비로소 인류가 승리하기 시작한, 바이오 테크의 쾌거를 이룬 것이다.

세계보건기구는 이 생명공학 기술을 세계 전체로 전파할 것을 약속했다. 현재도 뎅기 바이러스 유행 지역에는 약 40억 명에 가까운 인류가 살아가고 있다. 이들 지역에 인공모기를 방사함으로써 지금까지 없었던 획기적인 방법으로 질병을 예방할 수 있을 것이란 전망이다. 다시 말해 광저우에서 태어난 메이드인차이나 모기가 세계 곳곳에서 윙윙거리며 날아다니게 된다는 뜻이다. 이미 일대일로를 따라서 브라질, 페루, 태국, 스리랑카, 자메이카 등 여러 나라와 지역에 중국산 인공모기가 살아가며 전염병을 사전에 차단하고 있다.

인조인간: 맞춤 의학과 크리스퍼 베이비

인공모기는 인공인간 또는 인조인간으로 가는 중간 단계일 뿐이다. 미국이 인간 게놈 프로젝트로 새 밀레니엄의 문을 열었다면, 중국은 2018년 세계에서 가장 큰 게놈 프로젝트로 '맞춤 의학'의 새로운 문을 열어젖혔다. 중국인들이 앓는 질병의 유전적 근거를 규명하기 위해 4년 동안 중국인 10만 명의 유전자 염기서열을 분석하고, 중국인 게놈 지도를 완성하겠다는 목표를 세운 것이다. 그리고 2022년 중국인들의 유전자 염기서열을 분석한 게놈 지도가 세상에 공개되었다.

대표적인 유전체 기업이 베이징유전체연구소(BGI)다. 중국 정부의 전폭적 지원을 받으며 가파르게 성장해왔다. BGI는 매년 2500건이 넘는 보고서를 자체 발간하는데, 그중 300건 정도가 〈네이처〉와 〈사이언스〉에 실릴 정도로 뛰어난 연구 능력을 확보하고 있다. 창립 초기에는 그 이름이 상징하듯 본사가 베이징에 있었는데, 2007년에 전격적으로 선전으로 이전한다. 베이징이 정치의 중심지로 국영기업이 많다면, 글로벌 시티 상하이에는 외국계 기업이 많다. 반면 중국의 실리콘밸리라고 불리는 선전에는 민간기업이 대다수다. 인구의 70퍼센트가 MZ세대로 세계에서 가장 젊으며, 학력 수준이 가장 높은 도시이기도 하다. 즉 중국판 혁신의 본거지에 바이오 테크를 접목시킨 것이다. 이미 BGI는 직원 수가 6000명을 넘어서며 세계 최대의 유전학 연구소로 부상하게 되었다. BGI에서 근무하고 있는 연구원 모두의 게놈 분석을 끝낸 것으로도 유명하다.

　BGI는 2010년 미국의 거대 바이오 기업 일루미나(Illumina)의 고속 시퀀서(염기서열 해독 장치)를 128대 구입한 후, 2014년까지 전 세계 게놈 데이터의 4분의 1을 생산해내는 세계 최대의 게놈 해독 기업으로 성장했다. 2013년에는 일루미나의 경쟁사인 컴플리트 제노믹스(Complete Genomics)를 사들여 시퀀서 자체 개발에도 나섰다. 즉 일루미나의 단골손님에서 일약 라이벌 기업으로 부상한 것이다. 2025년 현재 일루미나에서 인간 게놈을 해독하려면 약 200달러의 비용이 드는 반면에, BGI는 100달러로 같은 수준의 서비스를 제공하고 있다. 앞으로 더 파격적인 저가 공세로 게놈 분석 시장을 장악하려고 한다. 2001년에는 단 한 사람의 게놈을 해독하는 데 1억 달러가 들었던 것을 생각하면, 20여 년 만에 100만 분의 1 수준으로 가격이 내려간 것이다.

이러한 중국 특색의 초가속적 유전공학 발전을 상징하는 인물이 바로 허젠쿠이(賀建奎)다. 2020년에 제니퍼 다우드나(Jennifer Doudna)와 에마뉘엘 샤르팡티에(Emmanuelle Charpentier)가 크리스퍼(CRISPR) 발견으로 노벨상을 받았을 때에도 거의 모든 뉴스에서 허젠쿠이가 함께 언급되었다. 유전자 편집 기술을 발견한 것은 다우드나와 샤르팡티에였지만, 정작 그 테크놀로지를 통해 최초의 인간을 빚어낸 인물은 허젠쿠이였던 것이다. 중국 정부가 세계 최대 규모의 게놈 프로젝트를 발표한 바로 그 2018년, 허젠쿠이는 에이즈(AIDS) 바이러스에 면역력을 갖도록 유전자를 편집한 배아를 여성의 자궁에 이식해 '루루'와 '나나'라는 쌍둥이 여자아이를 탄생시켰다. 같은 기술로 유전자를 편집한 세 번째 아이도 이듬해 태어났다. 그의 발표는 국제 생명윤리 기준을 위반했다는 비판을 받으며 세계적으로 뜨거운 논란이 되었다.

허젠쿠이의 연구팀 역시 선전에 자리했다. 선전 시에 있는 난팡과학기술대학에서 다용도 유전체 편집 도구 크리스퍼 또는 유전자가위 기술을 사용해 HIV(인간면역결핍바이러스)에 면역력을 갖도록 쌍둥이의 DNA를 수정한 것이다. 세계 최초로 유전자를 편집한 아기를 탄생시켰다는 사실은 윤리적 비난에 그치지 않았다. 허젠쿠이는 대학 캠퍼스의 게스트하우스에서 현장 체포되어 3년의 징역형을 받았다. 법원은 그가 고의로 의료 규정을 위반했으며, 보조

생식술에 무모하게 유전자 편집 기술을 적용했다고 선고 이유를 밝혔다. 시간이 흘러 허젠쿠이는 석방되었지만, 그가 재차 중국이나 다른 국가에서 연구자로 복귀할 수 있을지는 불투명하다.

허젠쿠이의 실험에 대한 윤리적 비난과 사법적 단죄에도 불구하고, 크리스퍼 베이비를 둘러싼 진상 규명은 여전히 논쟁적이다. 정작 허젠쿠이는 본인이 노벨상을 받을 수도 있을 것이라는 확신과 자신에 차 있었다고 한다. 2020년 노벨상을 수상한 다우드나와 그가 실제로 만난 적도 있다. 2017년 1월, 미국 캘리포니아대학교 버클리 캠퍼스에서 다우드나가 주최한 작은 비공개 회의에 허젠쿠이도 초빙되었다. 생명과학의 최첨단에 있는 세계적 과학자들의 회합에서 미국의 한 중견 과학자가 이런 말을 했다고 한다. "여러 중대한 혁신이 과학자 한두 명의 카우보이 과학에 의해 이루어졌다." 이 '카우보이 과학'이라는 언명은 허젠쿠이에게 무한한 영감을 주면서 뇌리에 깊은 인상을 남겼다. 반드시 누군가는 다음 단계로 나아가야 하며, 그것이 인류의 미래를 약속하는 도전이라면 본인이 감당해보겠다는 야심을 품게 된 것이다. 마치 인공모기를 통해 감염병을 사전에 봉쇄한 것처럼, 인공아기를 통해 HIV 감염을 완전히 통제하려고 한 것이다.

2017년의 그 비공개 회의 이후 허젠쿠이는 세계 최초로 백신을 발명한 에드워드 제너(Edward Jenner)부터 체외수정의 선구자인 로버트 에드워즈(Robert Edwards)까지, 오늘날 영웅으로 칭송받는 과학자들에 관한 전기와 평전을 몰아쳐 읽었다고 한다. 2019년 1월, 그는 중국 정부의 수사관들에게 다음과 같은 편지를 써서 보냈다. "나는 내가 하는 일이 인류 문명을 진보시킬 것이라고 굳게 믿는다. 역사는 결국 내 편에 설 것이다." '그래도 지구는 돈다'라고 말했던 갈릴레이의 결기에 빗댈 수 있을지도 모르겠다.

즉 허젠쿠이는 인조인간(Man-Made-Human)이 대거 도래할 미래와의 경쟁에서 승리하고자 했다. 과학계 원로와 동료들의 말을 경청하지 않았기 때문에 실패한 것이 아니다. 오히려 그는 선배들의 이야기를 주의 깊게 들었고, 크리스퍼 혹은 인류의 미래와 관련된 과학 공동체 내부의 의견에 깊이 공감했기 때문에 수난을 겪었다고 할 수 있다. 예컨대 이러한 주장들이다. 크리스퍼를 통해 우리는 질병과 노화를 극복할 수 있을 것이다. 이전의 수많은 사례처럼, 창의적이고 용기 있는 개척자들이 경계를 허물고 돌파해 갈 때 과학적 진보가 일어난다. 미래 세대에 변화를 물려줄 배아, 난자, 정자 등 생식세포의 유전자 편집은 불가피하다. 단지 누가, 언제, 어디서 최초로 행하느냐가 문제일 뿐이다. 그는 유전자를 편집하는 기술이 우리에게 가져다줄 장밋빛 희망찬 미래에 대한 메시아적 언약을 듣고 믿고 따랐던 것이다. 그에게 우리 인간 유전자에서 염기 하나를 고치는 것은 구원의 성배가 아닐 수 없었다.

달리 말하면 허젠쿠이에 대한 일방적 비판과 비난은 역사에 길이 기록될 '최초'의 타이틀을 빼앗긴 동료 과학자들의 질투와 몽니일지도 모른다.

그런 차원에서 주목할 만한 내용이 허젠쿠이의 재판 과정에서 공개된 유전자 질병 환자들의 인터뷰다. 루루와 나나의 탄생 실험에 동의했던 부모는 양쪽 모두 HIV 보균자였다. 중국의 현행법에 따라 난임 시술을 받을 수조차 없는 사람들이었다. 그들은 허젠쿠이로 말미암아 자식을 만나는 축복을 누리게 된 것이다. 허젠쿠이의 연구진에는 HIV 양성 사실이 공개된 이후 직장에서 해고된 의료 전문가도 포함되어 있었다. 그들 또한 에이즈라는 '천벌'을 받은 것도 모자라 직장에서도 해고되면서 허젠쿠이의 프로젝트에 합류했던 것이다. 중국 사회에서는 HIV 양성 판정을 받은 사람들에 대한 사회적 낙인이 유독 강하다. 이들을 도와서 유전적으로 HIV에 저항성을 가지도록 배아의 유전자를 편집한 것이 과연 '의학적으로 불필요한' 것인지 확언하기가 매우 어려운 사정인 것이다. 허젠쿠이와 함께했던 이들의 비전과 미션에, 유전적·신체적 결함을 원천적으로 수정해 만인에게 인간적 존엄을 선사하겠다는 선의가 전혀 없었다고 잘라 말하기 힘든 것이다.

분명한 사실은 이미 개발된 기술이 시장에서 사장될 리 없다는 것이다. 크리스퍼 유전자가위 기술은 머지않은 장래에 적지 않은 사람들에게 적용될 가능성이 훨씬 크다고 보는 편이 합리적이다. 즉 자연진화의 소산으로 돌연변이가 일어나는 게 아니라, 인공진화의 개입으로 돌연변이를 차단하는 것이다.

 핵심은 역시 그 도전적이고 개척적인 실험이 중국에서 가장 먼저 단행되었다는 점이다. 객관적인 지표에서도 확인되고 있다. 하버드대학 케네디스쿨 산하의 벨퍼(Belfer)과학국제문제센터의 2020년 보고서는, 중국이 국제 유력 학술지에 발표한 생명공학 논문 수가 지속적으로 증가해 독일과 영국을 제치고 '〈네이처〉 평가지수' 2위에 등극했음을 밝히고 있다. 특히 크리스퍼 유전자 편집 작물(CRISPR-Modified Crops)과 형질전환 식물(Transgenic Plants) 분야에서는 중국이 미국을 넘어섰다. 크리스퍼 유전자 편집 작물의 경우 중국과 미국의 연구 성과 점유율은 각각 42퍼센트와 19퍼센트, 형질전환 식물의 경우에는 30퍼센트와 12퍼센트를 기록했다. 중국은 또한 전 세계적으로 생명공학 기술 특허를 가장 많이 내는 나라로도 꼽혔다. 2000년에 1퍼센트에 불과했던 중국의 글로벌 생명공학 기술 특허 점유율이 2019년에는 28퍼센트까지 확대되었다. 반면 미국의 점유율은 45퍼센트에서 27퍼센트로 감소했다. 벨퍼 보고서는 중국이 상대적으로 느슨한 규제를 발판 삼아 바이오 기술 응용 면에서 미국을 뛰어넘었다고 평가한다. 실제로 전 세계 유전자 편집 기술 임상시험의 절반가량이 중국에서 이루어지고 있다. 세계 최대의 인구대국 중국이 세계 최대의 인조인간 대국으로 변모하게 될지도 모르겠다.

인공진화: 생명을 디지털로 디자인하기

인공지능과 인공자궁이 만나면 인공생명(Artificial Life)의 창출도 가능해진다. 중국은 이미 돌파구를 열었다. 인공자궁에서 인공지능을 이용해 배아의 성장을 관리할 수 있는 'AI 유모' 기술을 개발한 것이다. 이 기술은 생명의 기원과 인간의 배아 발달을 더 깊이 이해하는 데 도움이 될 뿐만 아니라, 선천적 결함이나 생식 건강 문제를 해결하기 위한 이론적 토대를 제공할 것으로 전망된다. 이 기술을 사용하면 여성이 태아를 뱃속에 품고 다닐 필요가 없어져, 태아가 몸 밖에서 더 안전하고 효율적으로 성장할 수 있다고 한다. 중국과학원 산하 쑤저우생명공학기술원의 연구진이 중국 학술지 〈생의학공학 저널〉에 2022년 1월 발표한 논문의 내용들이다. 아직은 쥐의 배아를 실험 대상으로 한 것이지만, 인류에게 적용될 날이 아주 멀다고만 하기도 어려울 것이다.

  이 연구팀이 개발한 'AI 유모'는 영양 체액으로 채워진 정육면체 모양의 인공자궁(배아 배양 장치)을 한꺼번에 대량으로 관리한다. 이전에는 각 배아의 발달 과정을 수동으로 관찰하고 문서화해서 조정해야 했기에, 연구 규모가 커질수록 지속하기가 어려운 노동 집약적 작업이었다. 그러나 이제는 AI를 탑재해 24시간 내내 배아의 움직임을 정밀하게 모니터링할 수 있게 되었다. AI가 배아의 미세한 변화의 징후까지도 감지하면서 이산화탄소, 영양 및 환경 입력을 세밀하게 조정할 수 있는 것이다. 이 시스템은 건강과 발달 잠재력에 따라 배아의 순위를 매길 수도 있고, 배아에 중대한 결함이 발생하거나 사망하면 배아를 인공자궁에서 제거하도록 경고할 수도 있다. 이 기술이 인류에까지 적용되면 불임이나 난임으로 아이를 갖지 못하는 이들에게 새로운 희망이 될 수도 있다. 또 임신과 출산으로 사회 경력에서 큰 손해를 경험하는 여성들에게 새로운 기회를 제공할 수도 있다. 무엇보다 여성과 모성에 대한 인류의 오랜 관성과 통념에 일대 혁명적인 변화를 초래할 수도 있다.

    자연스레 '자연'이란 무엇인가, 근본적인 물음에 당도하게 된다. 바야흐로 무위자연과 인위자연(Post-Nature)이 공존하는 신자연(Next-Nature) 상태로 진입하게 되는 것이다. 도래하는 신자연을 상징하는 학문이 바로 합성생물학일 것이다. 자연은 이제 디자인과 엔지니어링의 대상이다. 다시금 베이징유전체연구소(BGI)가 합성생물학의 최첨단에 자리한다. 지금까지 BGI는 인간뿐 아니라 크고작은 동식물의 DNA를 해독해왔다. 이 '게놈 게스트북'에는 벼, 기장, 자이언트판다, 누에, 사스 바이러스, 심지어 이누크(Inuk)라고 명명된 4000년 전의 고대인까지 포함돼 있다. 생물의 언어는 DNA다. 인간을 비롯한 모든 동식물이 DNA에서 기원한다. 이 DNA를 모두 해독해낼 수 있다면, 원리적으로 이 세상의 모든 생물을 만들어낼 수도 있다는 뜻이다. 코딩(Coding)과 디코딩(Decoding)과 리코딩(Recoding)으로, 피조물 인간이 창조의 주체로 진화해가는 것이다. 이미 BGI는 지구상에 존재하는 생명 중 70퍼센트에 이르는 생명체의 DNA 해독을 끝냈다고 한다. 앞으로 지구상 모든 생명체의 DNA를 해독해서, 생명을 디지털로 디자인하는 것(인위자연)이 목표다. 그렇게 적용된 디지털 디자인 기술로 유전성 질환을 완전히 종식시키겠다는 것이다. 돌연변이가 완전히 사라진 인공진화의 신세계로 진화의 역사가 전개될 수도 있다는 말이다.

BGI의 궁극적인 목표는 사람들이 다양한 생물에 신경 쓰도록 만드는 일이라고 한다. 사람에게는 의료 행위를 하지만, 사람이 아닌 것에는 환경보호의 측면에서 접근한다. 이제 사람만 생각하는 것이 아니라, 모든 생물과 생태계 전체에 관심을 기울여야 한다는 것이다. 동물권운동이 전 세계적으로 주목을 받는 것처럼, 오로지 식량으로 공급되기 위해 사람에게 죽임을 당하는 동물이 있다는 건 불공정하고 불평등한 일이다. 모든 종이 평화롭게 공존하는 미래를 향하기 위해서라도 인공진화의 가속 페달을 더욱 가열

차게 밟아야 한다는 뜻이다. 모든 생물의 조직은 탄소로 이루어져 있고, AI의 주요 조직은 실리콘 즉 규소로 구성되어 있다. 그 탄소와 규소가 점점 더 가까워지고 있다. 탄소와 규소가 융복합되고, 생물과 사물이 통폐합되는, 인공생명의 인위자연이 미래가 될 것이라는 전망이다. 자연과 자동과 자율이 무한대의 피드백을 거듭하는 새로운 인공진화의 세계로 진입하는 것이다.

즉 저 하늘 위의 인공위성이 인공우주 시대를 열어젖히고 있다면, 이 땅 위의 생명 가장 깊숙한 곳에서는 인공진화의 시대가 개막하고 있다. 하늘도 땅도 전대미문의 신세계가 펼쳐지는 후천개벽의 신시대라고 하겠다. 그 선두에 가장 오래된 문명 국가 중국이 자리하고 있음이 유별난 점이 아닐 수 없다. 바이오 테크는 크게 세 가지 색깔로 분류된다. 레드, 그린, 화이트다. 레드-바이오는 생명공학을 보건과 의료에 적용하는 것이다. 그린-바이오는 농수산, 축산, 식품에 응용하는 것이다. 화이트-바이오는 환경, 해양, 에너지, 소재 등을 일컫는다. 레드와 그린이 만나 유전자 편집과 합성생물학에 기초한 인공생명으로 질주하는 풍경을 살펴보았다. 그에 반해 화이트-바이오는 기왕의 지구를 되살리는 기술로 진화하고 있다. 자연스레 기후와 기술의 융합으로 '지속 가능한 인공지구'를 만들어가고 있는 중국판 어스 테크로 이어진다.

그린 차이나

3

지속 가능한 지구와
그린 에너지

어스 테크, 에너지 믹스

중국은 세계 최대의 탄소 배출국인 동시에 세계 첨단의 탈탄소 기술 국가다. 1979년 개혁개방의 역설이다. 미국을 비롯한 전 세계의 제조업이 중국 전역으로 재배치되었다. 그 소산으로 불과 한 세대 만에 G2, 세계에서 두 번째로 큰 규모의 경제대국으로 부상했다. 대가가 없지는 않았으니, 최악의 대기오염을 비롯한 환경 비용이 부메랑으로 되돌아오고 있다. 그 업보는 갈수록 늘어나 천문학적인 비용을 감당해야 한다. 설사 미국과의 패권 경쟁에서 승리해 G1으로 등극한다 하더라도, 건국 100주년이 되는 2049년의 중화인민공화국이 과연 사람이 살아갈 만한 터전이 될지는 장담할 수 없는 상황이다. 그리하여 2012년 공산당 헌장에 명기한 '생태 문명 건설'은 그럴듯한 그린워싱의 레토릭에 그치지 않는다. 사생결단 생사가 걸린 사활적인 과업인 것이다. 1949년의 대혁명을 능가하는 2049년의 대혁신이 절박하다.

산업 문명의 업보가 기후위기라고 해서, 그 대안이 곧 탈산업 문명은 아닐 것이다. 농업 문명으로의 회귀야말로 불가능한 미션이다. 거꾸로 탈탄소 산업을 전속력으로, 전폭적으로 키우는 쪽이 첩경일 수 있다. 중국의 선택이 바로 그러하다. 어스 테크, 그린 테크, 기후 테크라고도 불리는 신산업과 혁신산업에 대대적인 투자를 단행하고 있다. 즉 생태 문명 건설이란 무위자연을 노래했던 '오래된 미래'로의 복귀를 의미하지 않는다. 녹색 산업으로 중무장한 과학기술 문명으로의 진화를 꾀하고 있다. 그 녹색 기술 국가를 돌리는 근간은 재차 에너지가 될 것이다. 농업 문명은 지상 자원에 바탕했다. 산업 문명은 지하 자원에 의존했다. 생태 문명 또한 반드시 새로운 에너지 자원을 개척해내야 한다.

그리하여 동방의 지혜에 미래적 테크놀로지를 융합하고, 혁신의 스피릿을 시장에 투입해 에너지 산업을 폭발적으로 진화시켜야 하는 것이다. 새로운 기술과 새로운 에너지의 공진화를 정교하게 설계해내야 한다. 혁신의 에너지가 차고 넘치는 중국의 과학자와 공학자, 기업가들이 이 새로운 에너지에 대한 탐구에 물불을 가리지 않고 달려들고 있다. 새로운 물과 새로운 불, 새로운 바람과 새로운 에너지를 창조해내고 있다. 그들의 생생활활한 활기가 미래를 살리는 에너지 믹스, 거대한 활력과 생산력을 낳고 있는 것이다.

전생 에너지: 발전소의 혁신

250년 전 산업혁명의 엔진은 석탄이었다. 석탄은 오래전 지구상에 살다 간 생물의 에너지가 지층에 축적된 산물이다. 서구는 바로 그 지하 자원, 다시 말해 방대한 수만 수억 년의 '전생(前生) 에너지'를 총동원함으로써, 지상의 현생(現生) 에너지를 바탕으로 운영되는 아시아의 제국들을 차례차례 역전시킬 수 있었다. 그러나 땅속 깊이 파묻혀 있던 전생 에너지가 대거 지상으로 방출되면서 현생의 대기와 대지와 대양의 오염도 본격화되었다. 미래 세대, 후손과 후생의 삶의 근간을 허물어뜨리고 있는 것이다.

그럼에도 여전히 세계는 전력의 40퍼센트를 석탄 발전에 의존한다. 중국은 무려 65퍼센트에 이른다. 탈석탄이 궁극적인 해답이겠으나, 탈석탄으로 가는 이행기의 해법을 마련하는 과업 또한 방기할 수 없다. 발전 효율을 극대화함으로써 이산화탄소의 배출을 최대한 절감하는 노력 또한 게을리할 수 없는 것이다. 석탄 없는 청정 미래로 가는 징검다리로 '클린 콜'(Clean Coal) 발전이라는 역설적 접근을 궁리하는 것이다. 중국 최대의 노천 탄광의 하나인 산시성의 핑쉬(平朔) 탄전이 세계적인 주목을 받는 까닭이다.

367제곱킬로미터의 거대한 면적을 자랑하는 핑쉬 탄광에는 126억 톤의 석탄이 매장돼 있는 것으로 추정된다. 최대 300톤 적재가 가능한 석탄 운송 전용 열차가 밤낮을 가리지 않고 운행을 반복한다. 여기서 채굴한 석탄 대부분이 동부 연안 지대의 대도시로 이동한다. 3000만 명이 살아가는 슈퍼 메가시티, 상하이의 불야성도 핑쉬 탄광에 힘입은 것이다. 상하이는 2024년 총 1984억 킬로와트의 전기를 소비했다고 한다. 중국의 대도시 가운데 단연 가장 많은 전력을 소비하는 곳이다. 석탄 채굴과 전기 소비 사이에 있는 공학적 장치가 바로 발전소다. 그 화력발전소의 혁신을 통해 '클린 콜'의 진화를 최대한 도모하고 있는 것이다. 상하이 시가 소비하는 전력 사용량의 10퍼센트를 공급하는 발전소로 와이싼(外三)이라는 곳이 있다. 와이가오차오(外高橋) 제3발전소를 일컫는 약칭이다.

와이싼 발전소는 화력발전의 가장 중요한 설비인 보일러의 혁신을 통해 발전 효율을 극대화한다. 고도 129미터, 면적 400제곱미터가 넘는 에너지 전환 장비다. 중국의 발전용 석탄의 평균 소비 효율이 1킬로와트 전력을 만드는 데 312그램의 석탄을 필요로 했다면, 와이싼은 270그램까지 낮춘 것이다. 이는 덴마크의 발전소가 보유하고 있던 종전의 세계 기록을 경신한 것이라 한다. 1킬로와트 전력 송출에 42그램의 석탄을 절약한 것으로, 1년이면 총 52만 톤의 석탄 절감 효과를 낳는다. 석탄 소비를 20퍼센트 줄인다는 것은 곧 20퍼센트의 에너지 절감이자, 20퍼센트의 이산화탄소 배출 감소와 같다. 가격으로 환산해도 3억 위안(한화로 약 600억 원) 이상을 절약한 것이다.

〈월스트리트 저널〉은 와이싼 발전소를 세계에서 가장 효율이 높은 발전소라고 평가했다. 국제에너지기구(IAEA) 또한 와이싼을 지구에서 가장 깨끗한 화력발전소로 인정했다. 중국이 세계에서 가장 친환경적인 석탄 이용을 선도하는 것이다. 세계 곳곳에 여전히 짓고 있는 화력발전소에도 와이싼이 설계한 보일러 설비 특허가 갈수록 많이 사용되고 있다고 한다.

그러나 아무리 효율이 높다 하더라도 결국은 탄소 배출 제로가 목표다. 석탄이 아닌 다른 자원을 활용하는 방법을 탐구하지 않을 수 없다. 여기서 주목해야 할 지역이 푸젠성 광쩌(光澤)현이다. 이곳은 중국의 대표적인 곡창 지대이자 아시아 최대의 양계업 거점이기도 하다. 광쩌현 일대에만 1600개가 넘는 양계장에서 5억 마리의 닭이 살아가고 있다. 닭뼈가 곧 인류세의 상징이라고 할 만큼 지난 100년 이래 엄청나게 많은 닭이 지구상에서 사육되고 있다. 아시아에서 가장 큰 양계 지역인 만큼 가장 골치 아픈 문제가 바로 배설물 처리다. 닭 한 마리가 태어나서 출하되기까지 평균 4킬로그램의 똥을 싼다고 하니, 5억 마리가 배출하는 분변의 양만도 총 200만 톤을 헤아리는 천문학적인 수치에 이르는 것이다. 닭똥을 비료로 쓰기도 하지만, 광쩌현에서 소화하기에는 너무나도 많은 배설물이다.

설상가상으로 이곳에서 40킬로미터 떨어진 곳에 푸툰시(富屯溪)라는 시내가 있다. 푸젠성의 어머니라고 불리는 하천으로, 민장강 상류에 위치한다. 민장강은 우이산맥에서 발원해 푸젠성 중부를 동쪽으로 흘러 동중국해로 흘러 나가는, 전체 길이 577킬로미터에 이르는 긴 강이다. 예로부터 수운(水運)이 성행하여 중국의 동서부를 잇는 중요한 역할을 담당해왔다. 매일매일 배출되는 엄청난 닭똥을 땅에 묻는다면, 중국 동남 지역의 물줄기에 흘러 들어가 수질오염을 촉발하고 치명적인 환경 재난과 건강 악화를 초래할 수 있다.

이 문제를 해결한 것이 바로 계분 발전소다. 아시아 최대의 양계 농장을 아시아 최대의 양계 발전소로 진화시킨 것이다. 근사한 말로는 '바이오매스'라고 표현할 수 있겠다. 계분 즉 닭똥을 연소시켜 전기를 일으키는 것이다. 닭똥 3톤이면 석탄 1톤에 버금가는 전기를 생산할 수 있다고 한다. 지난 2년간 80만 톤의 닭똥을 전기 생산의 자원으로 활용했다. 이는 매년 4만 가구에서 사용할 수 있는 전력이다. 광쩌현 일대의 주거지에 자체적인 에너지 자립을 보장할 수 있게 된 것이다. 양계장이 식량 공급은 물론이요, 에너지 보급까지 담당하게 된 것이니 일석이조가 아닐 수 없겠다. 즉 광쩌현 일대는 닭을 키우면서도 닭이 배출한 똥으로 전기의 자급자족까지 달성하는 업사이클링 순환경제의 세계적인 모범 지역이 되었다.

재생 에너지: 지하 자원에서 천상 자원으로

지하 자원에서 천상 자원으로의 이행을 상징하는 곳은 산시성 북부의 다퉁(大同) 시다. 화력발전을 태양광 발전으로 대체하는 프런티어의 실험장이라 하겠다. 2017년 다퉁 시 정부는 석탄을 채굴했던 탄광지에 13개의 태양광발전소를 건설했다. 연간 발전량은 석탄 48만 톤에 해당한다. 탄소를 배출하지 않는 깨끗한 에너지를 생산함은 물론이요, 탄광이 사라진 땅에는 식생이 회복되어 산소를 공급하는 이중적 효과를 거두고 있다.

유엔개발계획(UNDP)도 다퉁 시의 실험을 지원하며 '세계 청소년 재생 에너지 캠프'도 개최했다. 상공 500미터에서 내려다보노라면 익숙한 이미지가 눈에 들어온다. 중국을 상징하는 동물, 판다곰 두 마리의 이미지로 태양광발전소를 조성한 것이다. 각각

'치치'와 '덴덴'으로 이름 지었다. 치치와 덴덴이 함께하는 이 판다 발전소는 자연스레 미래 세대에게 클린 에너지에 대한 흥미를 키우고 열정을 돋운다. 캠프에 참석한 청소년들은 태양광으로 충전한 클린 에너지로 질주하는 레이싱카를 즐기며 미래를 앞서 경험한다. 열흘간 진행되는 다양한 프로그램을 통해 재생 에너지에 대한 생생한 배움과 활발한 체험을 병행하는 것이다. 애당초는 매년 개최하는 것이 목표였으나, 코로나 팬데믹이라는 복병을 만나 잠정 중단된 상태다. 그럼에도 치치와 덴덴은 점점 더 많은 태양광 발전을 하면서 다퉁 시를 미래 도시로 진일보시키고 있다.

이 세계 최초의 판다 발전소는 이미 외부로 청정 에너지를 수송하고 있다. 발전소 면적은 표준 축구장 174개 크기로, 연간 친환경 발전량은 1억 5000만 킬로와트시(kWh)에 달한다. 2024년 중국의 1인당 평균 전기 사용량 7000킬로와트시를 기준으로 계산하면, 판다 발전소에서 생산되는 친환경 전기로 한 해 20만 명에게 전기를 공급한 것이다. 매년 2만 6000톤의 석탄을 절약하고, 이산화탄소 배출은 6만 8500톤씩 줄이고 있다. 다퉁 시의 실험은 이미 중국과 세계로 확산되고 있다. 안후이성, 광시 자치구, 네이멍구(내몽골) 자치구 등 여러 지역에도 여섯 개의 판다 발전소가 건설되었다. 또 필리핀, 피지, 태국 등 여러 나라가 협력 의향을 보였으며, 향후 더 많은 일대일로 국가에 100개의 판다 발전소를 건설할 계획도 가지고 있다. 중국을 넘어 세계로 대동세계의 실험을 확산해가고 있는 것이다.

중국이 자랑하는 또 하나의 태양광 발전 단지로 칭하이성의 궁허(共和)현도 꼽을 수 있다. 해발 3000미터가 넘는 고비 사막에 자리한다. 여기서도 지면의 수분 증발을 억제하는 태양광 발전의 소산으로 식생이 급속히 회복되었다고 한다. 오히려 잡초가 너무 많이 자라나 부작용을 일으킬 정도다. 흥미로운 것은 주변 유목민이 키우는 수천 마리의 티베트양을 끌고 와 풀을 먹이기 시작했다는 점이다. 300마리 단위로 조를 나누어, 무럭무럭 자라는 잡초를 게걸스레 먹어 치운다. 몸무게 40킬로그램의 티베트양은 하루 평균 5킬로그램의 풀을 먹는다고 한다. 2000마리 양이 10제곱킬로미터에 달하는 태양광 단지를 배회하며 제 역할을 충실히 수행하는 것이다. 태양광 기술과 동물과 식물이 독특한 공생관계를 연출하는 '미래형 공화(共和)'의 풍경을 자아내고 있다고 하겠다.

태양광을 비롯한 재생 에너지의 가장 큰 단점은 간헐성이다. 밤이나 비가 오는 날이면 발전량이 큰 폭으로 줄어든다. 설령 맑은 날이라 하더라도 구름이 끼면 발전량이 들쭉날쭉하기 일쑤다. 지속적으로 안정된 전력 공급을 장담하기가 쉽지 않은 것이다. 여기서 돌파구를 내고 있는 장소로 룽양샤(龍羊峽) 협곡의 수력발전소가 있다. 황허강(黃河)의 강줄기가 칭하이의 대초원을 지나가면서 형성된 이 협곡은 240미터에 달하는 천연의 낙차가 있고, 가장 폭이 좁은 곳이 30미터로 수력발전소 건설에 안성맞춤인 지형이다. 룽양샤 수력발전소의 댐은 높이 178미터, 길이 1226미터로 황허강 유일의 수력발전소로 불린다. 1986년에 정식으로 저수를 개시해 면적 383제곱미터, 저수 용량 247세제곱미터의 거대한 인공 댐이 되었다. 발전소에는 설비 용량 128만 킬로와트의 발전 유닛이 4대 있고, 24시간 가동할 수 있다.

칭하이의 고원 지대에 해가 떠오르면 궁허현의 태양광발전소에서는 전기를 생산하기 시작하고, 동시에 룽양샤 수력발전소도 피크 조정을 시작한다. 황허의 수력발전과 궁허의 태양광 발전이 서로 전력을 융통하는 세계 최초의 융복합 발전을 하는 것이다. 불과 물은 지구에서 손을 맞잡아 새로운 생명을 창조했고, 음과 양의 조화와 균형으로 생명은 더욱 번성하게 되었다. 자연을 설명하는 이 동방의 가장 오래된 지혜가 지상의 수력과 천상의 태양력, 둘의 조화와 균형으로 현실에서 구현된다. 중국은 사막과 강을 이용해 태양광의 한계를 극복하고, 종래의 에너지와 새로운 에너지의 협력으로 미래를 개척하는 독자적인 혁신 생태계를 만들어낸 것이다.

손오공의 배경이자 석굴암으로 유명한 둔황 또한 태양을 이용한 발전에 합류하고 있다. 중국 서부 사막 지대의 끝자락에 자리한 둔황은 연간 일조 시간이 3000시간을 넘는다. 작열하는 붉은 태양이야말로 이 지역 최대의 특산물인 셈이다. 그 태양의 빛과 열을 모으는 거대한 거울이 곳곳에서 생겨나고 있다. 지름 약 15미터, 면적 185제곱미터에 달하는 거울 1525개가 138미터 높이의 집열기를 둘러싸고 태양열발전소를 형성하는 대장관을 연출한다. 이 태양열발전소는 일조 강도가 발전 기준에 도달하면, 엔지니어가 거울의 각도를 조정해 태양광을 반사하여 타워 상부의 집열기에 모으는 방식으로 작동된다. 태양광이 모여 섭씨 1000도의 고온이 되면, 집열기는 타워 아랫부분의 용융염(Molten Salt)에 열기를 보낸다. 물로 용융염을 냉각하면 대량의 증기가 발생하고, 이 증기 터빈을 움직여 전기를 생산하는 것이다. 태양이 움직이는 방향에 따라서 거울도 따라 움직인다. 일출부터 일몰까지, 태양의 이동에 따라 최적의 반사 각도를 유지하는 것이다. 이 빼어난 성능의 거울에는 헬리오스탯(Heliostat)이라는 상징적 이름이 붙어 있다. 그리스어로 헬리오스(Helios)는 태양신을 의미하고, 스타토스(Statos)는 정지나 고정을 뜻한다.

  둔황의 이 태양열발전소가 정식으로 가동한 것은 2016년 말이다. 아시아 최초, 세계에서는 세 번째로 24시간 발전하는 용융염 타워식 태양열발전소가 들어선 것이다. 지금은 연간 3만 가구에 100퍼센트 청정한 전력을 공급하고 있다. 이 발전소의 최대 강점은 일몰 후에 발휘된다. 태양열발전소의 두뇌라 할 수 있는 제어실에서 컴퓨터가 하루 동안 축적한 열을 이용해 발전을 하는 중요한 작동이 밤사이에 실행되는 것이다. 집광부터 흡열, 축열, 환열에 이르기까지 모든 것이 자동으로 제어된다. 즉 자연의 힘에 자동의 기술이 결합해 더 나은 자연을 만들어가고 있는 미래의 현장이라고 하겠다. 실제로 이 태양열 발전 시설 안에는 로봇들도 분주하게 풀가동된다. 앞으로 1만 1000대의 거울이 둔황 일대에 더 들어설 예정이라 한다. 이 거대한 거울 발전소야말로 미래의 중국, 그린 에너지로 작동하는 그린 차이나와 클린 차이나를 상징하는 둔황의 새로운 랜드마크가 될 것이다.

신생 에너지: 포스트-태양광 시대

세계 최대의 태양광 발전을 자랑하는 중국이지만, 포스트-태양광 시대를 선도적으로 준비하는 사람들도 있다. 재생 에너지를 넘어 신생 에너지, 인공적인 태양을 만들어내겠다는 것이다. 인공지능과 인공생명을 지나 인공태양까지 넘보고 있는 것이다. 이미 지구 밖을 가득 채우고 있는 인공위성과도 차원이 다른 메가 프로젝트다. 인공적인 작은 태양이 현실화한다면 그야말로 인위적인 빅뱅의 창출, 딥뱅이라고 해도 전혀 손색이 없을 것이다.

태양은 거대한 인력(引力)으로 수소원자를 융합해 방대한 열에너지를 방출한다. 태양이 1초 동안 산출하는 에너지를 모두 모을 수만 있다면, 인류가 수만 년 사용해도 모자람이 없을 만큼의 엄청난 원천 에너지가 된다. 중국의 과학자들도 지구상에 이 소태양을 탄생시키는 과업에 몰두하고 있다. 중국에서 최초로 수소폭탄 실험에 성공한 해가 1966년이다. 미국, 영국, 소련에 이어 네 번째로 수소폭탄 보유국이 되었다. 수소폭탄의 핵융합 반응으로도 막대한 에너지가 방출되지만, 다만 그 에너지를 통제할 길이 없기에 치명적인 무기로만 쓰이는 것이다. 만약 인류가 그 에너지를 제어할 수만 있다면, 지속 가능한 에너지의 궁극적 비책이 될 것이다.

  따라서 핵융합 발전의 실현에는 용기(用器) 문제의 해결이 필수적이다. 중국의 과학자들이 설계한 핵융합 실험 장치는 그 이름도 의미심장한 이스트(EAST, Experimental Advanced Superconducting Tokamak, 실험용 고급 초전도 토카막)다. EAST의 기초 원리는 옛 소련의 과학자들이 제기한 '토카막'의 원리다. 토카막은 러시아어로 진공, 자기, 코일 등 복수의 어휘를 조합한 이름으로, 태양처럼 핵융합 반응이 일어나는 환경을 만들기 위해 자기장으로 초고온의 플라스마를 가두는 도넛형 장치를 가리킨다. 가두어진 플라스마를 안정화시키기 위해서는 자기장뿐 아니라 내부에 전류가 흐르게 해야 하며, 플라스마가 벗어나지 않게 하기 위한 또 다른 자기장이 필요하다. 자기장을 이용해 플라스마를 가두는 많은 장치가 있지만, EAST는 그중 가장 큰 진척을 보이면서 핵융합 발전에 가장 근접한 최적의 장치로 손꼽히고 있다.

중국의 토카막 핵융합 발전을 상징하는 EAST가 17분 동안 전기를 일으키면서, 세계 최고의 기록을 보유하게 되었다. 인류에 무한정 에너지를 공급하는 동방의 등불, 지구의 횃불이 되겠다는 것이다. 17분에서 17시간, 나아가 17년까지 핵융합 발전을 달성하는 목표로 삼고 있는 해가 2049년이다. 중화인민공화국의 인공기가 휘날린 지 100주년이 되는 해에 인공태양을 온 세상에 공개하고 싶다는 것이다. 앞으로 한 세대의 헌신과 공력이 여전히 필요한 슈퍼 프로젝트라고 하겠다.

이와 관련해 중국 사회를 가로지르는 낙관과 자신감의 공기가 역력하다. 핵융합 원료인 수소는 지구에서 가장 흔한 원소이기 때문이다. 지구 표면의 70퍼센트를 뒤덮고 있는 바다에서 무한정 얻을 수 있다. 이 지구를 생명이 번성하는 행성으로 진화시킨 물(H_2O)에 포함된 저 수소에너지가 인공태양 시대로 가는 신생 에너지 혁신의 원천이 될 수 있는 것이다. 전생 에너지에 근간한 산업 문명 시대를 지나, 재생 에너지와 신생 에너지로 가동되는 신생명 문명으로의 이행을 상상해보게 된다. 무위자연의 농업 문명 시대를 지나, 인위자연의 신생태 문명으로 도약하는 뉴 노멀, 신시대의 비전이라고 하겠다.

 이처럼 중국이 세계 최대의 탄소 배출국에서 세계 첨단의 탈탄소 산업 대국으로 가장 빠르게 이행하고 있는 것은 그 변화를 설계하고 집행하며 총지휘하는 중국 특색의 '그린 거버넌스'가 작동하기 때문이다. 즉 그린 테크는 단순히 산업공학적 테크놀로지만 의미하지 않는다. 그 이행의 속도를 최대한 높이기 위해서는 거버넌스의 혁신, 즉 거번 테크의 일조가 반드시 필요하다. 그러므로 생명 문명으로의 대전환을 최대한 신속하게 달성하기 위해서는 보수와 진보 사이에서 우왕좌왕 좌충우돌하고 있을 여력이 없다. 오로지 확립된 단일 목표를 향하여 일사불란하게 전속력으로 질주해야 한다. 1949년의 '붉은 신중국'을 2049년의 '녹색 혁신 중국'으로 탈바꿈시켜가고 있는, 그린 차이나의 그린 거버넌스를 살펴보기로 한다.

그린 거버넌스,
그린 테크노크라시

미려 중국: 청정 에너지에서 기후 엔지니어링까지

기본과 근본은 다르다. 근본에 이르기 위해, 기본을 다지는 것이다. 20세기의 절대가치였던 부국강병 또한 기본에 그친다. 근본적 가치를 달성하기 위한 수단인 것이다. 건강이 목표이고, 부강은 방편이다. 마오쩌둥이 강한 나라를 세웠고, 덩샤오핑이 부유한 나라를 만들었다면, 시진핑은 부강 너머 새로운 문명적 가치를 제시하고 있다. 집권 2기의 어젠다가 바로 '미려 중국'(美麗中國)이었다. 아름다운 나라 만들기가 2049년 건국 100주년을 내다보는 장기 비전인 것이다. 당헌에 삽입한 '생태 문명'이라는 세계관과 시장에 도입하고 있는 '순환경제'라는 방법론 역시 '아름다운 중국'이라는 근본 가치를 실현하기 위한 기본 다지기라고 하겠다.

생태 문명, 순환경제, 미려 중국이라는 마스터플랜을 이행하기 위한 로드맵이 '3060'이다. 2030년에 탄소 배출 정점을 찍고, 2060년에 탄소 중립을 달성한다는 시간표다. 중국은 여전히 세계의 공장이며, 앞으로 도시로 진출할 농촌 인구 또한 아직도 5억을 헤아린다. 당장 탄소 배출을 절감하기란 현실적으로 실현 불가능한 목표다. 2030년부터 탄소 감소로 전환해서 2060년에는 탈탄소 생태 문명을 이루겠다는 것이다. 실제로 시진핑만큼 기후위기를 자주 거론하는 지도자도 드물다. 국내외 연설문을 찬찬히 읽노라면, 기후위기를 극복하는 책임대국으로서 책무를 다하겠다는 사명을 거듭 천명한다. 허언이라고 잘라 말하기도 힘들다. 실제로 그의 집권 13년 동안 혁혁한 성과를 거두고 있기 때문이다.

앞서 살펴보았듯이 중국은 이미 그린/클린 에너지 분야를 선도하고 있다. 중국이 풍력발전에서 미국을 앞지른 것이 2012년이다. 2018년에는 세계 풍력 터빈의 3분의 1을 중국이 생산했다. 태양광 발전에서는 중국이 압도적인 우위를 누리고 있다. 지난 10년 동안 태양광 발전 비용이 80퍼센트 이상 줄어든 것도 중국의 기술 혁신이 가장 결정적이었다. 왜 태양광 패널의 대개가 중국산인가는 시장 논리로 간단히 설명된다. 메이드인차이나가 경제적으로 가장 합리적일뿐더러 기술적으로도 가장 앞서 있기 때문이다. 세계 최대의 태양광 패널 제조 업체는 중국의 트리나솔라(Trina Solar)다. 스마트 마이크로 그리드, 다중 에너지 보완 시스템과 에너지 클라우드 플랫폼까지 운영하면서 천상 자원과 가상 자원을 결합해 미래를 개척하는 선구적 기업으로 진화하고 있다. 진코솔라(Jinko Solar)와 선테크파워(Suntech Power) 또한 태양광 발전을 선도하는 중국 업체들이다. 이들이 건재하기에 100퍼센트 재생 에너지만 쓰겠다는 'RE 100'에 참여하는 중국 기업들도 경쟁적으로 늘어나고 있다.

그린 모빌리티로의 전환 속도도 갈수록 빨라지고 있다. 수소차와 전기차는 중국의 국책 산업이다. 20세기 미국이 가솔린-엔진-자동차 시대를 선도했다면, 21세기의 중국은 전기-배터리-자율차 시대를 주도하고 있다. 이미 세계 최대의 전기차 생산국이자 소비국으로서, 제조와 판매에서 타국의 경쟁을 허락하지 않는 초격차 선도국이다. 중국의 리튬이온 배터리 셀 제조 역량은 전 세계의 4분의 3에 육박한다. 일론 머스크의 테슬라가 오늘날과 같은 입지를 다지는 데도 중국 내 생산과 소비가 결정적이었다. 세계 전기버스의 90퍼센트가 중국에서 운행되며, 세계에서 가장 빠르고 가장 긴 고속철도 역시 중국 전역의 도시와 도시를 그물망처럼 엮어내면서 에너지 효율적인 시스템을 구축했다. 미국의 대륙횡단 철도가 20세기를 열었다면, 중국의 스마트 고속철도는 21세기를 추동하고 있다.

이러한 경험을 바탕으로 중국은 에너지 수입국에서 에너지 수출국으로 변신하고 있다. 산유국의 석유와 가스를 수입하던 나라에서 재생 에너지 생산 시스템을 수출하는 산전국(産電國)이 되고 있는 것이다. 세계 곳곳에서 그린 에너지 프로젝트를 운영하며, 그린 파이낸스를 통해 목돈을 투자한다. 케냐가 자랑하는 헬스게이트 국립공원 근방의 올카리아에는 지열발전소를 지었다. 이곳에서 80킬로미터 떨어진 수도 나이로비 시내까지 청정한 에너지를 공급한다. 아르헨티나의 해발 4000미터 고원에 자리한 카우차리 발전소는 세계에서 가장 높은 지대의 태양광발전소로 중국이 거액을 투자한 곳이다.

중국창장싼샤그룹(中國長江三峽集團, CTG)은 세계에서 가장 큰 수력발전 공급자다. 총 47개국에서 발전소를 운영하고 있다. 특히 브라질에서는 48개 수력발전소 가운데 14개를 중국이 담당한다. 풍력발전소 11개도 중국이 가동하고 있다. 브라질 전력의 10퍼센트 이상을 중국 기업이 도맡고 있는 것이다. 남아시아와 동남아시아에도 풍력과 태양력 프로젝트에 중국 자본이 대거 투입되었다. 화력발전소로 따지면 21개에 달하는, 1만 2000메가와트의 전력을 생산한다. 즉 중국은 이미 태양광 패널, 풍력 터빈, 배터리, 전기차의 최대 생산국일 뿐 아니라, 청정 에너지의 최대 투자국이 된 것이다. 이처럼 재생 에너지 기술을 수출하고 자본을 투자하면서 중국은 석유를 수출하는 사우디아라비아나 천연가스를 수출하는 러시아와는 상이한 영향력을 행사하게 되었다. 지하의 화석 자원이 아닌 천상의 신재생 에너지의 슈퍼파워 국가로 재탄생한 것이다. 즉 '미려 중국'은 더 이상 국내용 레토릭에 그치지 않는다. 대외적인 매력 공세, 소프트파워와 스마트파워라는 세계 전략과도 긴밀히 연동되어 있다.

지구공학과 기후 엔지니어링 분야도 개척하고 있다. 대기의 탄소를 지구 깊숙이 다시 집어넣는 탄소포집 기술 개발을 독려하고, 인공위성으로 지구의 생태 변화를 실시간으로 모니터링하며, 지구와 태양 사이에 우주 반사기를 설치해 지구의 기온을 조절하고, 달을 탐사하며 자원을 채굴하는 프로젝트 모두가 '3060 미려 중국'이라는 비전 아래 진행되고 있다.

인공강우(Cloud-Seeding) 실험도 활발하다. 드론이나 소형 비행기를 이용해 비 또는 눈의 결정을 만드는 기술이다. 로켓으로도 쏘아 올릴 수 있다. 2019년 가뭄이 심했던 안후이성에서는 총 327차례나 로켓을 통해 인공적으로 비를 내리게 했다. 이는 구름에 요오드화은이나 다른 물질을 뿌려 강수량을 증가시키는 방법이다. 중국은 기상청(CMA)이 주도하여 세계에서 가장 대규모로 이 기술을 운영하는 국가다. 가뭄 완화, 농업 생산성 향상, 재해 방지, 공기오염 감소 등을 목적으로 한다. 2020년 발표된 계획에 따라 2025년까지 약 550만 제곱킬로미터(전국 면적의 56퍼센트)를 커버하는 프로그램을 추진 중이며, 연간 50억 세제곱킬로미터 이상의 추가 강수를 유도해왔다고 한다. 앞으로는 AI 탑재 드론을 활용한 정밀 시딩이 가능해짐으로써 비용 효과 또한 더욱 향상될 것으로 예상된다.

    티베트고원의 빙하가 녹아내리는 데 대한 대처 방법에도 기후공학이 적용된다. 티베트고원은 중국은 물론 동남아시아와 남아시아로 흘러가는 주요 강줄기의 출발점이다. 그래서 북극과 남극에 이은 제3극(The Third Pole)이라고도 불린다. 창장강과 황허강, 인더스강와 갠지스강, 메콩강이 모두 여기서 발원하는 것이다. 동아시아와 동남아시아와 남아시아의 인구를 헤아리면 인류 절반에 육박한다. 이대로 빙하가 계속 녹아내리도록 방치하면 강물 범람과 해수면 상승 등으로 재앙적 결과를 초래할 것이다. 그래서 이 '세계의 지붕'에서도 인공기후 만들기가 전개되고 있다. 기상 조건을 인위적으로 조절해 빙하의 수명을 연장시키자는 것이다. 이름하여 천하(天河) 프로젝트다. 기후재난을 면하고자 기술을 개입시키는, 인류의 필사적이고 사활적인 발버둥이라고 하겠다.

    실로 중국이 구현해가는 어스 테크, 그린 테크, 기후 테크의 대약진은 기술의 차원에서 그치지 않는다. 인간이 축적해온 기술의 집약, 통치와 정치에도 직결된다. 농업 문명에는 왕권에 기초한 일인의 독재 체제가 안성맞춤이었다. 산업 문명에는 시민권에 근간한 만인의 민주주의가 최적화된 모델을 제공했다. 그러면 이제 생태와 생명과 건강과 안전이 최고의 가치가 될 미래 문명에 부합하는 거버넌스는 어떠한 꼴로 진화할 것인가. 거버넌스 테크놀로지, 거번 테크의 영역에서도 중국은 전인미답의 실험에 나서고 있다.

그린 거버넌스: 권위주의와 환경주의

중국공산당은 옛 소련처럼 강철 노동자가 지배하는 산업 문명 국가를 지향하지 않는다. 처음부터 그러했다. 마오쩌둥의 신중국 1.0은 노동자가 아니라 농민에 근간한 혁명으로 새로운 사회주의 국가를 표방했다. 덩샤오핑의 신중국 2.0은 시장을 포용하는 혁신으로 사회주의 시장경제라는 좌/우 합작의 새 모델을 창출했다. 시진핑의 신중국 3.0은 생태 문명까지 아우르는 개념이다. 시 주석이 즐겨 인용하는 '녹수청산이 금산 은산이다'(綠水靑山就是金山銀山)라는 말이야말로 100년 중국공산당의 변화 과정을 절묘하게 함축한다.

즉 중화인민공화국은 마오쩌둥을 통해 농업 문명에서 산업 문명으로 이행했고, 덩샤오핑을 통해 상업 문명의 소강(小康) 사회를 이루었으며, 시진핑의 지도 아래서 생태 문명이 구현되는 대동사회를 향해 나아가고 있다. 이것이 이른바 '중국 특색의 사회주의'다. 마르크스도 레닌도 그 누구도 전망하지 못했던 녹색 사회주의로 진화하는 것이다. 그리고 덩샤오핑이 마치 물과 기름처럼 여겨졌던 사회주의와 시장경제를 결합한 새 모델을 개척해낸 것처럼, 이제 환경보호와 경제발전 사이의 긴장을 타개해가는 기술적 혁신에 국가적 역량을 쏟아붓고 있는 것이다. 즉 테크놀로지와 에콜로지가 공진화하여 창조적으로 결합하는, 중국 특색의 지속가능한 발전의 새 모델을 만들어가는 것이 신중국 3.0의 가장 큰 과업이라고 하겠다.

달리 말해 중국은 권위주의적 환경주의 모델을 조합해내고 있다. 과학자와 기업가, 시민사회에 역량을 분산시키기보다는 중국공산당의 집중화된 권위와 실력을 바탕으로 환경 지식과 기술 혁신을 종합하고 총괄한다. 생태주의와 민주주의의 결합이라는 관성적인 친화성을 넘어서는 새로운 정치경제 모델을 실험하는 것이다. SF 형식을 차용한 미래 전망에서 이러한 신생 국가의 등장을 예견한 지식인들이 있었다. 하버드대학의 나오미 오레스케스(Naomi Oreskes)와 캘리포니아공과대학의 에릭 콘웨이(Erik M. Conway)다. 이들은 공저 《다가올 역사, 서양 문명의 몰락》(The Collapse of Western Civilization: A View from the Future)에서, 기후 붕괴 이후에 등장할 제2기 중화인민공화국을 전망한다. 자유시장과 민주주의가 기후재난에 무력한 채 지구적 재앙을 초래하고, 결국 두 번째 신중국이 등장해 재앙 이후 인류의 문명을 재건해간다는 것이다. 그 상상의 시나리오는 전혀 근거가 없지도 않다. 실제로 오늘날 중국의 그린/클린 에너지 혁명은 이미 국가가 주도하는 '발전주의적 환경주의'의 전범을 보여주기 때문이다. 22세기의 제2기 중화인민공화국을 기다릴 것도 없이, 시진핑의 신중국 3.0이 이미 그 방향으로 진화하고 있는 것이다.

국가가 산업의 우선순위를 정하고 지속 가능한 미래 산업을 전략적으로 키우는 것은 20세기와의 연속성도 확보한다. 1970~90년대 동아시아의 기적을 일구었던 '발전국가' 모델을 기후재난 시대에 맞게 변용한 것이기 때문이다. 세계에서 유일하게 동아시아만이 북미와 서구에 맞먹는, 그리고 양 지역을 합한 것보다 더 큰 경제 규모로 부상하는 기적을 이루었다. 이제는 전 인류적 과제가 된 환경 문제도 발전국가 모델로 해결해내겠다는 것이다. 그 유명한 흑묘백묘론, 검은 고양이든 흰 고양이든 쥐를 잘 잡는 녀석이 좋은 고양이다. 기후재난을 해결하는 것이 21세기 인류의 최대 과제라면, 그 방편이 민주주의든 권위주의든 중요하지 않다는 것이다. 중국 특유의 실용주의의 발로다.

비판하는 쪽은 다시 달이 아니라 손가락을 쳐다본다. 생태 문명 건설이라는 목표가 아니라 좌냐 우냐, 진보냐 보수냐, 시장이냐 국가냐, 민주주의냐 권위주의냐, 일당 독재냐 다당제냐, 수단과 방법을 가지고 왈가왈부한다. 실제로 '권위주의적 환경주의'와 '환경주의적 권위주의'의 거리가 그리 멀지 않을 수도 있다. 권위주의를 지속하기 위해 환경주의라는 매력적인 수단을 동원하는지도 모른다. 충분히 그럴 수 있다. 아니 실제로 그런 경우도 적지 않은 것 같다.

그렇다면 환경주의적 권위주의는 기각되어야만 하는 것일까? 환경주의는 반드시 민주주의라는 단일 경로로만 달성해야 하는 것일까? 그것이야말로 20세기의 주술이자 교조적 발상이지는 않을까? 권위주의적 목적을 위해 수단으로 삼았던 환경주의에서 획기적인 성과가 우후죽순 솟아나고 있다면, 그 이전의 가치관과 세계관을 도리어 되물어보아야 하지 않을까? 중국이 진정으로 생태 문명을 건설하는 녹색 중국이 된다면, 그것은 지구 전체에도 퍽이나 이로운 일이 될 것이다. 인류의 존망이 달린 사활적인 과제에서 제도나 체제 경쟁은 부차적인 사안일 수 있다. 최상이 살아남는 것이 아니라, 살아남는 것이 최선이라는 점이 진화론의 골자다.

거꾸로 질문해볼 수도 있다. 기후위기가 이토록 화급할 때, 구조적으로 우왕좌왕을 허용하는 민주주의로 인류의 생존이 보장

될 수 있을 것인가? 로마클럽의 보고서 〈성장의 한계〉(The Limits to Growth, 1972)가 나온 지도 50년이 흘렀다. 지구 환경 문제를 논의한 리우 회의(지구정상회의, 1992)가 열린 지는 30년이 지났다. 올해로 10주년이 되었건만 누구도 기념하고 있지 않은 파리 기후협약(2015)은 정녕 지속 가능성을 확보해주는가? 기후재난과 여섯 번째 대멸종을 해결할 거버넌스가 민주주의의 확장이고 심화일 것인가? 공산주의와의 경쟁에서 민주주의가 승리한 지난 35년 동안 기후 및 생물다양성의 위기는 더욱 악화되었던 것 아닌가? 정말로 민주국가들이 모여서 기후정상회담을 열심히만 하면 실질적인 해결책이 나오는 것인가? 그렇지 못하다는, 그러하지 못했다는 냉철하고 객관적인 판단이 내려질 때가 아닌가? 생태-권위주의는 그것이 권위주의이기 때문에 절대로 수용할 수 없는 것인가? 살아남는 것보다 더 중요하고 숭고한 가치가 민주주의이고 자유주의인 것인가? 자유민주주의는 생존과 생명을 능가하는 만고불변의 절대가치인가? 혹 그런 것이 아니라면, 녹색 권위주의 또한 진지하게 숙고해보아야 하지 않을까? 인류의 존속을 위해서는 무엇보다 민주주의의 독점 시장을 허무는 사상의 해방이 필요한 게 아닐까?

실제로 농업 문명이 가능했던 홀로세 1만 2000년 전체를 돌아보아도 민주주의는 극히 짧은 시공간에서만 작동했던 예외적인 시스템이었다. 인류세의 도래를 맞이해 뉴 노멀, 뉴 거버넌스에 대한 근본적인 상상력을 재가동해야 할 시점에 당도한 것이다. 이러쿵저러쿵 의사소통에 충분한 시간을 할애할 만큼 한가한 국면인지 잘 모르겠다. 의사결정에 우왕좌왕해도 될 만큼 느긋해도 되는지도 의문이다. 그렇다면 신속한 결단을 내리고 철저하게 집행하는 권위주의 모델에 매혹될 수도 있을 것이다. 홀로세와 산업 문명 시대의 고정관념을 과감하게 떨쳐낼 수 있어야 하는 것이다. 그래야 그나마 살길이 겨우 조금 열릴지도 모른다. 그런 절박한 위기의식이 없는 사람들이 관성적으로 관념적으로 민주주의 타령만 늘어놓고 있는 것이다.

중국의 현재가 대안이라는 것이 아니다. 다만 녹색 권위주의 실험을 그저 일국의 프로파간다로만 치부하고 말 일이 아니라는 것이다. 정말로 주어진 시간이 얼마 남지 않았다는 간절함 속에서, 지속 가능한 미래 문명을 창조해내기 위해서는 만성질환이 되어버린 관성적인 관념부터 청산해야 한다. 그래야 생산적 논쟁을 촉발하고, 정치적 상상력을 해방시킬 수 있다.

그린 테크노크라시:
전 지구적 생태 문명 건설을 위하여

실제로 중국은 자신들의 그린 거버넌스를 글로벌 모델로 삼고자 한다. 붉은 중국이 아니라 녹색 중국으로 리브랜딩 마케팅을 하는 것이다. 중국 모델이야말로 기후재난 시대의 가장 적절한 거버넌스라며 어필한다. 즉 인류세를 선도하는 신문명 국가로 중국을 자리매김하는 것이다. 기후는 동서남북 가리지 않는 전 지구적이고 전 인류적인 과제이기에, 중국의 실험은 인류와 지구의 미래에 결정적인 영향을 미칠 것이다. 중국의 영토가 광대하고 인구가 방대해서만이 아니라, 개혁개방 이래 세계와의 연결망이 더 많아지고, 더 많은 자원이 오고 가며, 더 많은 환경적 영향을 주고받는 나라가 되었기 때문이다. 그린 차이나가 글로벌 차이나로 이행하는 길목에 일대일로가 자리한다. 서구가 세계를 지배하는 근간이 되었던 화석연료 기반의 산업 문명을 통과하지 않고도, 곧바로 생태 문명으로 단번에 도약하는 풀패키지 발전 모델을 공급해주겠다는 것이다.

상징적인 나라가 아랍에미리트(UAE)다. 20세기에 석유 경제로 부흥한 중동의 신흥 국가다. 21세기에는 탄소 중독에서 벗어나 기술 중심의 탈탄소, 탈석유 국가로 전환해가야 한다. 이 UAE의 새 나라 만들기에 중국이 적극 협력하고 있다. 탈석유 경제로의 대전환에는 필히 디지털 대전환이 수반되어야 한다. 안전성, 발전, 투명성, 예측 가능성, 효율성, 지속 가능성 등등의 이름으로 중국산 디지털 기술이 중동 전역으로 확산되고 있는 것이다. 서방의 거듭된 경고와 우려에도 불구하고, 중국의 가성비 높은 디지털 테크에 대한 요구와 수요는 일대일로 전방에 걸쳐 도리어 늘어나고 있다.

2018년 시진핑 주석이 방문했을 때, UAE의 경제부 장관은 일대일로를 '세계를 향한 중국의 선물'이라고 격찬했다. 중국의 왕이 외교부장은 그 이듬해 답방하여 아랍에서 두 번째로 큰 경제 규모의 UAE가 일대일로의 빛나는 진주라고 화답했다. 즉 중국은 그린 거버넌스의 이름으로, 그린 테크와 함께 테크노크라시(Technocracy)도 동반 수출하고 있다. 저비용, 저탄소 솔루션을 제공하며 제품과 운영체계, 하드웨어와 소프트웨어를 패키지로 보급하고 있는 것이다.

그린 거버넌스의 혁신적 생태 문명에는 데이터 테크놀로지가 결합해야 스마트하게 진화할 수 있다. 인공지능, 양자컴퓨터, 빅데이터, 스마트 인프라, 블록체인 등이 모두 결합해 모든 이와 모든 곳과 모든 것을 모든 순간과 연결해내는 것이다. 그린 테크노크라시의 근간에 디지털이 토대로 자리하고 있는 것이다. 빅데이터야말로 지속 가능한 미래형 생태 문명으로 이행하는 데 필수적인 신생 자원이라고 하겠다. 알리바바가 항저우에서 실험하고 있는 '시티브레인' 역시 도심 내 실시간 교통 측정으로 차량 이동 시간을 최소화하는 등 환경 문제의 솔루션으로 빅데이터를 활용하고 있다. 중국 곳곳에서 시행되는 이 디지털-에코 시티의 모델 또한 일대일로를 따라 세계 곳곳으로 확산해갈 것이다.

실제로 중국은 더 크고 더 많고 더 깊은 데이터 확보를 추구하고 있다. 지구 전체가 데이터로 통합되는 '빅어스데이터'(Big Earth Data) 프로젝트도 입안되었다. 2019년 1월 중국과학원(CAS)은 500만 기가바이트의 데이터베이스를 공개했다. '케이서스 데이터뱅크'(CASEarth Databank)라는 이름으로 알려진 이 데이터뱅크에는 미생물부터 지형과 자연재해는 물론이고 부가가치 창출 등 일대일로 국가들에서 일어나는 모든 실시간 정보를 수합하는 역할을 수행한다.

지상의 빅데이터를 규합해내기 위해서는 천상의 인공위성도 가동되어야 한다. 이미 2016년에 중국이 소유한 첫 해외 인공위성 기지도 발족했다. 스웨덴 북부의 키루나 지역이다. 본디 철광석 생산으로 유명했던 곳이다. 극지방의 위성에 접근하기가 용이한 장소인 데다가, 철광석 채굴을 위해 중국 노동자들이 파견되었던 오랜 인연도 있었다. 그들이 모여 살던 뉴키루나는 일종의 차이나타운에 가까웠다. 그 역사적 '꽌시'를 디지털과 접목해 지구 관측을 위한 전초기지로 삼은 것이다. 여기서도 토질의 영양분부터 공기의 질까지 빅어스데이터를 수집하고 있다. 원거리 정보 수합, 항공사진, 그라운드 모니터링 등 방법도 다양하다. 그리하여 대지와 대기와 대양을 막론하고, 에너지와 인간과 도시 등 모든 정보를 총망라해 파악하고 장악하는 것이다. 환경보호, 생태 관찰, 재난 방지, 도시 건설, 교통 관리 등 빅어스데이터는 디지털 실크로드의 신경중추 역할을 하게 될 것이다.

즉 인간과 자연의 소통, 사람과 사물의 소통에 대한 정보를 융복합하는 새로운 실시간 계획이 수립된 것이다. 물리학, 화학, 생물학, 경제학 등을 통합한 슈퍼컴퓨터 프로그램도 마련되었다. 이름하여 통합평가모델 '아이엠스'(IAMs, Integrated Assessment Models)다. IAMs는 기후 정치에도 필수적이다. 비로소 지질권과 생물권과 인간권과 기술권을 통합하는 정보체계를 만들어내고 있기 때문이다. 즉 중국의 그린 거버넌스는 당 중앙에 사후 정보가 집중되는 일국 단위의 '과학적 사회주의'가 아니다. 만인과 만물과 만사의 정보가 실시간으로 유통되는 지구 규모의 '수학적 사회주의'로 이행하고 있는 것이다. 자원을 배분하는 판단과 결정을 담당했던 테크노크라트에 권력이 집중되는 것이 아니라, 자동화된 판단과 자율화된 결정이 새로운 '자연경제'를 형성해가는 전대미문의 신문명 실험이 진행되고 있는 것이다. 알고리즘을 장착한 최적화된 녹색 사회주의의 가능성을 탐문하고 있는 것이라고도 하겠다. 인류는 비로소 홀 어스(Whole Earth)에 부합하는 홀 이코노미(Whole Economy), 전 지구적 단위의 '한살림'의 방법론을 찾아낸 것인지도 모른다. 지구에는 무해하고 인류에는 이로운, 만인-만물-만사의 멋진 신세계, 뉴 플래닛과 뉴 플랜의 여명기에 당도한 것이다.

여기서 중요한 것은 신중국이 여전히 중화인민공화국, 사회주의 국가라는 점이다. 이제야말로 '능력에 따라 일하고 필요에 따라 분배하는' 높은 수준의 공산주의 유토피아가 가능한 조건이 무르익고 있는지 모른다. 충분한 생산이 보장되고 공정한 분배가 확보되기 위해서는, 첫째도 둘째도 셋째도 지구적 차원의 정확한 정보가 필요했던 것이다. 다시 말해 지구적 정보를 실시간으로 축적하는 '지능화된 지구'(Intelligent Earth)가 필수적이었던 것이다. 지질권과 생물권과 인간권을 통합하는 기술권(Techno-Sphere)이 지구 전체를 감싸야만 불투명한 의사소통과 불합리한 의사결정의 비효율을 극복해낼 수 있는 것이다. 소외되지 않는 노동부터 만인의 돌봄과 만물의 보살핌까지도 정밀한 수학이 필요했다. 그래야 생태 문명이라는 원대한 목표의 달성에 조금이나마 근접해지기 때문이다. 그래야 안정적인 기후를 유지할 수도 있고, 찬란한 생물다양성도 지속할 수 있으며, 주기적인 팬데믹의 출현도 방지할 수 있는 것이다.

'디지털'의 중국어 번역어가 바로 '수마'(數碼)다. 디지털은 0과 1, 숫자와 코드의 결합과 조합으로 지상에서는 구현할 수 없었던 새로운 세상을 가상 공간에서 창출한다. 20세기가 자동의 세기였다면 21세기는 자율의 세기가 될 것인바, 자동이 자율로 진화하면 '자율적 자연'이라는 신자연이 마술처럼 주술처럼 펼쳐진다. 이전에는 존재한 적이 없었던 만인-만물-만사의 자율적 신세계, 디지털 네이처가 개창하는 것이다. 고로 디지털 혁명은 다보스가 설파하는 것처럼 산업혁명의 네 번째 국면, 제4차 산업혁명이 아니다. 앞으로 400년은 더 지속될 디지털 혁명의 첫 번째 국면을 인류가 경험하고 있는 것이다. 디지털 산업의 싹을 틔운 곳은 명명백백 실리콘밸리였다. 그러나 그 낯선 신세계, 디지털 문명이 만개하고 있는 곳은 미국이 아니라 중국일지 모른다. 테크노-차이나의 최종판이자 결정판으로 디지털 차이나를 살펴보아야 하는 까닭이다.

디지털 차이나

4

자율의 세기,
디지털 문명의 낯선 신세계

신상태, 디지털 금융에서 라이브 커머스까지

포스트-코로나, 뉴 노멀이 가장 먼저 이루어진 곳이 중국이다. 코로나 이후가 아니라 코로나 이전부터 새로운 노멀이 진행되고 있었다. 중국에서는 '신상태'라고 한다. 2010년대에 이미 디지털 생태계가 주도하는 새로운 경제가 형성되고 있었던 것이다. 컴퓨터와 노트북의 단계를 건너뛰고 곧장 스마트폰의 보급이 광범위하게 이루어지면서 단번에 모바일 경제가 번성했다. 현금 없는 사회로 가장 빨리 이행한 것이다. 모두가 스마트폰의 결제 앱을 통해 일상적 교환과 기업 간 거래를 진행했다.

양적 변화는 질적 변화를 야기한다. 14억의 방대한 인구는 스마트-모바일 경제와 접속하며 폭발적인 진화를 추동했다. 코로나 발생 이전인 2019년 중국공업정보화부는 중국 경제에서 디지털 분야가 차지하는 규모가 GDP의 36.2퍼센트이며, 실질적인 경제성장률에 대한 기여도는 60퍼센트가 넘는다고 발표한 바 있다. 이러한 디지털 신경제의 중추를 담당하는 양대 결제 플랫폼이 바로 '알리페이'와 '위챗페이'다. 전자는 중국 최대의 전자상거래 사이트를 운영하는 알리바바 계열이고, 후자는 중국 최대의 SNS 사업자인 텐센트 계열이다. 중국의 모바일 결제 시장은 이 두 회사가 약 90퍼센트를 점하고 있다. 알리페이가 50퍼센트 전후, 위챗페이가 40퍼센트 안팎을 차지한다. 응당 두 회사가 세계 최대의 결제 플랫폼이라고 하겠다. 중국에서 일등이 곧 세계에서 일등이 되는 신상태, 신경제의 최첨단에 양사가 자리하는 것이다.

현금만 사라진 것이 아니다. 명함도 좀처럼 찾아보기 힘들다. 비즈니스 세계에서도 새로운 사람을 만나 명함 지갑을 꺼내 종이를 교환하는 경우가 좀처럼 드물다. 상호 소개와 소통 또한 위챗이 대신한다. 위챗으로 연결하면 이름과 소속, 전화번호 등 온갖 정보가 자동으로 공유된다. 화상 회의는 텐센트의 텐센트미팅(Tencent Meeting)을 사용하는 경우가 잦고, 비즈니스용 SNS로는 알리바바의 딩톡(DingTalk)과 텐센트의 위챗워크(WeChat Work)가 널리 이용된다. 즉 실리콘밸리에 대한 의존 없이도 독자적인 디지털 생태계가 진화에 진화를 거듭하고 있는 것이다.

신상태의 신경제가 급성장한 배경에는 구상태의 구경제가 미성숙한 탓이 크다. 후발주자의 장점을 극대화한 것이다. 기득권의 저항이 적은 것이다. 세계 최대의 결제 플랫폼이 둘이나 생긴 것은 신용카드가 널리 보급되지 않았기 때문이다. 택시업계가 그리 크지 않았기에 공유 모빌리티 시장이 그만큼 빨리 성장할 수 있었다. 디지털 결제에 디지털 금융을 종합한 알리바바의 앤트그룹의 수익 구조가 대표적이다. 융자와 투자와 보험을 하나로 결합한 디지털 금융의 새 영역을 개척했다. 금융 시장이 세분화돼 발달하지 않았기에 역설적으로 앤트그룹의 등장이 가능했던 것이다. 앤트그룹은 2000개가 넘는 제휴 금융기관과 공동으로 융자, 투자, 보험 서비스를 통째로 제공한다. 2024년 한 해에만 7억 2000만 명이 넘게 이용했으며, 이 플랫폼을 통해 제공되는 융자 잔고는 2조 6000억 위안, 운용자산 잔고는 5조 위안, 보험 액수는 620억 위안을 상회한다.

　　코로나 팬데믹이 일어난 2020년은 초가속적 디지털 대전환의 기폭제가 되었다. 그 이전에는 없었던 뉴-뉴노멀, '라이브 커머스'의 원년이라고 할 수 있다. TV 홈쇼핑을 인터넷상으로 옮겨온 것이라 할 수 있다. 그러나 인터넷은 판매자-소비자의 쌍방향과 소비자-소비자의 다방향 연결도 증폭시키는바, 판매원이 생방송으로 상품을 소개하고 소비자의 질문에도 실시간으로 응대하는 새로운 경제 행위가 등장한 것이다. 라이브 영상을 통해 다차원의 커뮤니케이션이 가능하기 때문에, 사진만으로 정보를 공유하던 시절에 비해 상품에 대한 이해도가 한층 높아진다. 이 라이브 커머스라는 새 영역에서 탄생한 슈퍼스타가 바로 '왕훙'(網紅)들이다. 중국 특색의 인플루언서들이라고 하겠다. 그중에는 4000만 위안에 달하는 로켓 발사 서비스도 단숨에 팔아치운 슈퍼셀럽 왕훙까지 존재한다. 2024년 라이브 커머스 거래액은 4조 5000억 위안으로, 코로나 전 2019년의 4200억 위안에서 불과 5년 만에 10배 규모로 폭발적으로 증가했다.

    발아와 만개가 꼭 일치하는 것은 아니다. 산업혁명은 영국에서 싹을 틔웠지만, 산업 문명의 꽃을 피운 곳은 미국이었다. 디지털 혁명이 시작된 곳은 미국이었지만, 디지털 문명이 만발하는 곳이 반드시 미국일 것이라 장담할 수 없다. 디지털 혁명이 디지털 문명으로 진화하는 데 중추적인 역할을 하는 것이 바로 데이터다. 그런데 중국에는 방대한 영토에서 무려 14억의 인구가 매일매일 무진장한 규모의 데이터를, 분수처럼 폭포처럼 해일처럼 생산해내고 있다. 디지털과 인해전술의 결합으로 초가속적 변화가 일어나고 있는 것이다.

    2010년대에 바탕을 다진 디지털 전환은 2020년 코로나 팬데믹을 계기로 더 가파른 속도로 진행되었다. 일찍이 중국의 역사서 《사기》에서 설파했던바, 화복(禍福)은 늘 동시에 오는 것이다. 행복과 불행은 표리일체의 관계다. 관건은 그 위기를 기회로 반전시킬 수 있는 회복력과 탄력성이라고 하겠다. 2020년에 오로지 중국만이 2.3퍼센트라는 플러스 성장을 이룬 나라가 되었다. 나라와 나라 사이의 교류가 전면적으로 차단된 2020년 한 해, 셧다운의 이면에서 진행된 중국의 전폭적인 디지털 대전환의 실상을 소상히 파악해보아야 하는 까닭이다.

2020 디지털의 대전환, 스타트업의 대폭발

실제로 디지털 기술은 팬데믹을 억제하는 데도 상당한 효과를 발휘했다. 병원에서는 제5세대 이동통신 시스템(5G) 네트워크를 통해 원격 진료와 AI를 이용한 화상 진단이 이루어졌다. 감염 확대를 방지하기 위해 만든 건강 확인 앱도 높은 정확도를 과시했다. 교통과 물류에서도 드론과 로봇이 왔다 갔다 하는 SF영화 같은 진풍경이 연출되었다. 마이크로소프트의 CEO인 사티아 나델라는, 20년 걸릴 디지털 대전환이 코로나로 인해 2년 만에 이루어졌다고 평가한 바 있다. 중국은 채 2년도 걸리지 않았다. 코로나 발발로부터 단 두 달이 소요되었을 뿐이다.

우한에서 코로나 발병이 확인되고 감염자가 폭발적으로 증가하던 초기부터 의료 붕괴는 예고된 사태였다. 이 미증유의 위기를 앞에 두고, 중국 정부가 총력을 다해 대책을 강구하며 가장 크게 기댄 곳이 바로 민간의 테크 기업들이었다. 중국에서는 사회문제가 일어나면 정부가 목표와 방침을 정하고, 그것을 민간기업의 비즈니스로 해결해가는 것이 일종의 공식이 되었다. 2020년 2월 3일, 국가위생건강위원회는 〈코로나 바이러스 감염의 예방과 억제 업무에 관한 정보기술 활용 강화에 대한 통지〉를 발표하고, 온라인 의료 서비스의 이용을 적극적으로 호소했다. 2월 4일에는 중국의 정보통신 행정을 담당하는 중국공업정보화부에서 〈감염 확대 초기 국면 대책으로 인공지능을 활용하는 제안서〉를 발표하며 테크 기업에 협력을 요청했다.

이로써 바이두, 알리바바, 텐센트, 징둥닷컴(JD.com) 등 거대 플랫폼 기업뿐만 아니라, 수많은 스타트업 기업들도 기술 제공을 하게 된다. 의료 현장의 진단에서 가장 크게 활용된 것이 AI 화상 해석 시스템이었다. 알리바바의 최첨단 기술 연구기관인 다모아카데미(DAMO Academy, 達摩院)가 개발한 시스템으로, 단 20초 만에 정확도 96퍼센트를 자랑하는 검사 결과를 확보하게 되었다. 이를 통해 진단 속도가 대폭 향상되면서 의료 현장의 부담을 크게 줄여준 것이다. 국가는 조기에 전염병을 차단할 수 있었고, 기업은 엄청난 데이터 확보와 기술 고도화를 이룰 수 있었다.

5G를 이용한 온라인 의료는, 우한 시에 불과 열흘 만에 만들어진 코로나 전용 병원인 훠선산(火神山)병원과 레이선산(雷神山)병원에서 시작해 전국적으로 보급되었다. 단기간에 설비를 마친 고속 인터넷 환경과 통신 장비의 대다수는 화웨이가 기부한 것이었다. 코로나에 감염된 중증 환자를 위한 병상 수는 훠선산병원에 1000개, 레이선산병원에 1600개가 마련되었다. 그리고 우수한 의사가 모여 있는 베이징의 병원들과 온라인으로 연결하면서, 우한 현장의 의사 부족 문제를 일거에 해소했다. 가령 훠선산병원에서는 온라인 회의 시스템으로 중국인민해방군 병원의 전문의사들과 환자 데이터를 공유하면서 합동 진단을 실시했다. 인민해방군의 훈련장에 설치된 이동식 액정 모니터를 통해 우한의 환자들에 대한 원격 진찰이 이루어진 것이다. 즉 훠선산병원과 레이선산병원은 코로나 치료의 최전선이었을 뿐 아니라, 미래의 메디컬 테크, 디지털 의료를 실험해보는 최일선이기도 했다.

이렇게 팬데믹에 대처하기 위해 전격 도입한 온라인 의료는 일반 환자들에게도 널리 확산되고 있다. 특히 정기적으로 병원을 방문해 약을 처방받아야 하는 만성질환 환자들에게 유리하다. 코로나 유행기에는 병원 내 감염의 위험이 높았기 때문에 만성질환 환자들이 큰 곤란에 처하지 않을 수 없었다. 그래서 국가의료보장국과 위생건강위원회는 2월 28일 〈신형 코로나 바이러스 감염병 예방 및 억제 기간의 '인터넷+' 의료보험 서비스의 추진에 관한 지도 의견〉을 발표한다. 온라인 의료와 보험을 결합해 만성질환 환자가 병원에 가지 않아도 약을 구입할 수 있는 정책을 마련한 것이다.

이는 자연스레 민간 온라인 보험사의 폭발적인 성장을 촉진했다. 중국에서는 이미 핑안(平安)보험의 '핑안굿닥터'와 징둥(京東)그룹의 '징둥헬스'(JD Health) 등 의료 앱이 보급되어 있었다. 그러다 코로나 사태를 계기로 플랫폼을 통한 진료 건수가 폭증한 것이다. 핑안굿닥터에 등록하면 3000명 이상의 전문의에 의한 온라인 문진이 가능하다. 병원 예약은 물론이고 의약품 구매도 할 수 있다. 자신의 기본 정보를 입력한 후 각종 설문에 증상을 기입하고 환부 사진을 등록하면, AI 문진을 시작하고 전문의를 소개해준다. 의사 수준에 따라 진찰료도 다르게 설정된다. 결제 또한 앱상에서 간단하게 처리할 수 있다. 디지털 처방전이 나오면, 그대로 앱상에서 약까지 구입한다. 진단부터 처방까지 원스톱 서비스를 제공하는 것이다. 지금은 4억 명이 넘는 유저가 사용하는 슈퍼앱으로 성장해 디지털 헬스케어의 프런티어를 개척하고 있다. 2025년부터는 AI 기반 상담까지 도입되어(정확도 98퍼센트), 하루 온라인 상담 건수가 400만을 넘어설 만큼 참여도와 활성도가 높아졌다.

코로나 초기부터 폭발적으로 성장한 또 하나의 영역이 바로 음성인식 기술이다. 사람 간의 대면 접촉이 차단되면서 챗봇의 활용 영역이 크게 확장되었다. 이 분야로는 아이플라이텍(iFLYTEK, 科大訊飛)이 제공한 음성 챗봇이 대표적이다. 고도의 음성인식 기술로 통화 내용을 정확하게 문자화할 수 있다. 2020년 1월 21일부터 3월 3일까지, 채 두 달이 걸리지 않는 기간 동안 코로나 관련 통지 전화를 무려 586만 회 소화했다고 한다. 중점 관리 대상자와의 전화는 455만 회 이루어졌고, 문자메시지를 통한 연락은 1687만 회에 상당한다. 데이터가 늘면 늘수록 음성인식의 정확도는 더욱 올라가는바, 전례가 없는 속도로 챗봇의 성능이 향상된 것이다. 그만큼 의료 현장의 부담은 경감되었다. 아이플라이텍 같은 대기업만이 아니라, AI스피치(AI Speech, 思必馳) 같은 AI 음성 스타트업들도 우후죽순 등장했다. 코로나 발생 직후부터 전용 챗봇 개발에 착수한 AI스피치는 전국 28개 성의 121개 도시에 무상 챗봇을 제공해 3월 5일까지 600만 회에 달하는 통화를 소화했다.

코로나 감염 대책으로 중국 사회에서 가장 크게 일상에 침투했던 것이 자신의 건강 상태를 스마트폰으로 증명하는 '건강 코드'다. 이 건강 코드가 없으면 어디에도 갈 수가 없었기 때문에 거의 모든 국민이 일시에 등록하게 되었다. 이름과 전화번호에 얼굴 사진이 부착된 신분증도 업로드해야 한다. 비행기와 철도 티켓을 구입하거나 호텔과 병원 등을 이용할 때도 이를 제시해야 한다.

즉 중국에 살고 있는 내/외국민 거의 모두의 정보가 집약돼 있는 것이다. 이처럼 모든 이와 모든 곳의 모든 정보를 수합하는 데에는 정부의 힘만으로는 불가능하다. 알리바바와 텐센트 등 중국 굴지의 테크놀로지 기업들의 노하우가 반드시 결부되어야 했던 것이다.

도시 간 이동에서는 건강 코드와 더불어 또 하나의 디지털 증명서인 '통신행정 카드'도 제시해야 했다. 건강 상태를 증명하는 것만이 아니라 과거 어느 도시를 방문했는지도 알 수 있는 시스템으로, 차이나모바일(中國移動), 차이나유니콤(中國聯通), 차이나텔레콤(中國電信)의 통신 3사가 제공하는 빅데이터가 사용되었다. 스마트폰은 늘 근방의 무선 기지국과 전파로 연결되어 있기에, 그 기지국의 소재지를 통해 이용자의 위치 정보를 특정할 수 있다. 과거 14일간 4시간 이상 머문 도시가 스마트폰에 표시되어, 자신이 어디에서 왔는지, 감염 확대 지역에 다녀온 것은 아닌지를 증명할 수 있었다. 이를 통해 중국 정부는 감염자 정보, 병원이나 교통기관 등의 공공부문 데이터를 매일 공개하고, 그것을 민간 플랫폼의 노하우와 결합해 실시간 코로나 맵을 국민에게 전달할 수 있었다.

코로나 초기부터 AI를 탑재한 드론과 로봇 또한 맹활약했다. 세계 최대의 드론 기업은 광둥성 선전에 본사를 둔 DJI다. 드론 산업의 최전선에 있는 중국에서는 스타트업들도 참여하여 물류 배송과 농약 살포 등 드론을 이용한 서비스를 지속적으로 개발해왔다. 때마침 코로나 대책의 일환으로 이 드론들이 대거 투입되는 기회가 급증한 것이다. 드론 물류 스타트업인 앤트워크(Antwork, 迅蟻)가 대표적이다. AI 기술과 여러 개의 카메라 센서를 융합하여, 리모컨 원격 조작이 필요 없는 자율비행 드론을 개발했다. 지방 구석구석까지 우편 배송과 음식 배달의 비약적인 실적을 쌓아 올린 앤트워크의 AI 드론은 PCR 검사의 검체 운송에도 이용되었다. 높은 안전성을 요구하는 의료 현장에서도 탁월한 성과를 과시하면서 코로나 이후의 비즈니스 확대로도 이어지고 있다. 2025년 6월 17일에 열린 '매력 충칭'(Charming 重慶) 드론쇼가 대표적이다. 무려 1만 1787대의 드론이 참여해 기네스 세계 기록을 갈아치웠다. 이는 이전 기록(2024년 선전의 1만 197대)을 넘어선 최대 규모로, 충칭의 지형과 문화 요소를 테마로 한 18분간의 화려한 엔터테인먼트였다. 지상과 천상 사이에서 '저공 경제권'을 창출하고 있는 것이다.

무인 배달 로봇도 전격적으로 전면적으로 도입되었다. 배송업자 출입이 제한된 도심의 사무실이나 아파트 단지 내에서 무인 배달 로봇이 활약하는 장이 대폭 넓어진 것이다. 배달원이 건물 입구에 상품을 두면 로봇이 수취인의 집 앞까지 전달하는 시스템이 확립되었다. 로봇이 스스로 엘리베이터를 타고 문 앞에 도착하면 수취인에게 전화 통지까지 한다. 의료 현장에서도 청소와 소독, 환자의 체온 측정, 의료 물자와 병원 음식 운반 등 다방면에서 로봇의 공헌을 확인할 수 있다.

부동산 시장에서도 새로운 영역을 개척했다. 온라인 부동산 거래 플랫폼인 KE홀딩스(KE Holdings, 貝殼)는 독자적으로 개발한 가상현실(VR) 기술을 이용해 컴퓨터와 스마트폰으로 간단하게 건물 내부를 관람할 수 있는 콘텐츠를 제공한다. 종래처럼 평면의 사진 정보만으로는 실제적인 공간의 느낌을 전달하기 어렵다. 직접 가보면 이미지와 실제 사이에 낙차가 커서 놀라는 경우가 적지 않다. 반면 VR은 영상이 선명하고 세부까지 확인할 수 있으면서도 360도 회전해 공간 전체의 입체적인 분위기도 파악할 수 있다. 결과적으로 만족스러운 집이나 사무 공간을 찾게 되는 경우가 많아진 것이다. 아울러 실제 현장 방문이 줄어들면서 탄소 배출 감소 등 ESG(환경·사회·지배구조) 경영 측면에서도 크게 기여한다고 평가받는다. 이 회사가 발간한 연간 보고서에 따르면, 2024년 플랫폼의 거래 총액은 코로나 이전인 2019년 대비 64.5퍼센트가 늘어난 3조 5000억 위안에 달했다. VR 관람 횟수 또한 2019년 390만 회에서 2024년 27억 회로 700배가량이나 늘었다. 부동산을 구하려는 사람들이 27억 회나 직접 찾아다녔다면 500만 톤 이상의 탄소를 배출했을 것으로 추정된다.

    테크놀로지 기업과의 협력을 통해 코로나 사태를 극복하겠다는 당국의 방침이 발표되고 불과 4개월이 지난 2020년 6월 17일, 중국공업정보화부는 코로나 대책에 크게 공헌한 AI 기업 79개사를 표창했다. 바이두, 알리바바, 텐센트와 같은 기존의 빅테크만 호명된 것이 아니었다. 그 79개사 리스트에는 창업한 지 몇 년 안 된 젊은 기업의 이름이 숱하게 등장했다. 중국 디지털 산업의 진정한 강점은 다채로운 분야에서 다양한 스타트업이 경쟁적으로 솟아나고 있다는 점이다. 도전적이고 창의적인 스타트업 기업들이 산출해내는 활력과 혁신이 중국의 새로운 경제 성장을 견인하고, 한층 진일보한 미래 사회를 추동하는 것이다. 생산이 주도하는 '세계의 공장'과, 소비가 선도하는 '세계의 시장'을 지나, 창조와 혁신이 추동하는 신중국 3.0, '디지털 차이나'가 부상하고 있는 것이다. 그 결실이 바로 2025년 전격 출격한 '딥시크'였다 하겠다.

2035 디지털 경제, 디지털 사회, 디지털 정부

2020년이 라이브 커머스의 원년이었다면, 2021년은 디지털 차이나의 원년이라고 할 수 있다. 2021년 3월에 공표된 〈국민경제 사회발전 제14차 5개년 계획 및 2035년 장기 목표〉가 상징적인 문건이다. 통상적인 5개년 계획과는 상이한 이례적인 발표였다. 향후 15년, 2035년까지의 장기 목표를 제시했다. 클라우드, 빅데이터, AI 등 7대 중점 분야를 중심으로 디지털화를 가속화해 2035년에 디지털 차이나를 완성한다는 방침이다. 실제로 이 계획서 본문에서 '디지털'이라는 단어가 무려 75차례나 등장한다(제13차 계획서에서는 불과 다섯 번에 그쳤다). 키워드는 '양신일중'(兩新一重)이다. 두 개의 미래형 인프라, 즉 '신형 인프라 건설'과 '신형 도시화 건설'에 집중해 디지털 차이나 프로젝트를 완성한다는 것이다.

가장 주목되는 것이 '신형 인프라'다. 여기에는 정보 인프라, 통합 인프라, 혁신 인프라가 포함된다. 먼저 '정보 인프라'는 차세대 정보기술을 기반으로 진화한 통신 네트워크(5G, IoT, 산업인터넷, 위성인터넷), 뉴 테크놀로지(AI, 클라우드 컴퓨팅, 블록체인), 컴퓨팅(데이터센터, 고도계산센터) 등의 인프라를 총괄한다. '통합 인프라'는 인터넷, 빅데이터, AI 등의 기술을 이용해 종래의 인프라를 고도화하는 것으로, 교통 인프라와 에너지 인프라를 아우른다. 마지막으로 '혁신 인프라'는 과학 연구기술 개발과 상품 개발을 지원하는 공공 인프라를 지칭한다.

이러한 신형 인프라 건설을 위해 정부의 선도적인 프로젝트가 마중물이 되어 민간 투자를 유도하고 있다. 실제로 신형 인프라의 대표주자 격인 5G 기지국은 2021년 말에 이미 72만 개에 달해, 애초 계획했던 60만 개를 훌쩍 상회했다. 빅테크 기업들 또한 신형 인프라 투자에 적극 호응하여, 알리바바는 2022년까지 2000억 위안, 텐센트는 2024년까지 5000억 위안을 투자할 것을 표명했다.

한편 '2035 디지털 차이나'의 방향으로는 크게 세 가지를 표방했다. 디지털 경제, 디지털 사회, 디지털 정부다.

먼저 디지털이 선도하는 신경제를 위해, 중국 정부는 기초 분야에 대한 독자적인 연구개발(R&D)을 강화하기로 결정했다. 국가 전체의 R&D 총액을, GDP 성장률을 상회해 매년 7퍼센트 이상 늘리는 것을 목표로 삼았다. 세제 우대 등 기업에 인센티브를 제공하고, 외국인 전문가와 기술자 육성에도 힘을 쏟을 방침이다. 특히 클라우드 컴퓨팅, 빅데이터, 사물인터넷, 산업인터넷, 블록체인, 인공지능, 가상현실과 증강현실의 7개 분야에 집중한다고 한다.

종래의 산업도 디지털 전환(DX)이 이루어져야 한다. 제2차 산업에서의 산업인터넷 플랫폼과 DX 추진 센터를 건설하고, 설계와 제조, 경영 관리와 마케팅 등 일련의 업무도 디지털화를 추진키로 했다. 또 중국 전역에 조성된 산업단지의 디지털화에도 박차를 가할 예정이다. 제조 분야에서는 로컬 5G에 의한 설비의 온라인화와 생산 공정의 디지털화를 촉진한다. 생산 공정의 스마트화만이 아니라, 제조업의 경쟁력 향상도 추구한다. 핵심적으로는 희토류와 세라믹 등 하이테크 신소재를 발굴하고, 고속철도와 비행기 및 선진 공작기계 등 중대 기술 설비를 발전시키며, 항공기 엔진과 가스 터빈, 위성 측위 시스템인 베이더우(北斗)의 산업 응용도 확대키로 했다. 제1차 산업 또한 디지털화에서 예외가 될 수 없을 것이다. 스마트-디지털 농업의 개발과 생산, 운영 관리도 강조한다. 제3차 산업에서는 클라우드 소싱과 스마트 물류 등을 적극 추진한다는 계획이다.

두 번째로 디지털 사회는 일상생활의 모든 것에 디지털 기술이 녹아들어 인간의 삶을 지지한다. 중국 정부는 2015년 인터넷 기술과 여타 산업의 제휴를 후원해 기존 산업의 새로운 발전을 촉진하는 '인터넷+' 정책을 제시한 바 있다. '인터넷+소비'의 온라인 쇼핑과 '인터넷+금융'의 핀테크는 이미 눈부신 성장을 거두고 있다. 이것을 공공서비스 분야까지 확대해 더 좋은 사회를 실현하자는 것이다. 제14차 계획에서 강조한 분야는 교육, 의료, 고령자 보호, 육아, 고용, 스포츠·문화, 장애인 지원 등이다. 현재 중국이 품고 있는 가장 큰 사회문제가 망라되어 있다. 특히 도시와 농촌 간의 격차를 해소하기 위해 디지털 사회로의 전환을 강조한다. '디지털 향촌'을 통해 원격 교육과 원격 의료를 전면 실시하면서 교육 및 의료의 격차를 극적으로 해결할 수 있다는 것이다. 이를 위해 농민과 고령자, 장애인 등을 포함한 전 인민에게 디지털 라이프를 향유할 수 있는 디지털 리터러시 교육도 강화할 방침이다.

교통과 물류에서도 디지털화는 일사천리다. 자율운전 시스템 '아폴로'(Apollo)를 개발한 바이두는 2021년 1월, 지리(吉利)자동차와 합작 기업을 설립했다. 바이두가 아폴로의 자율운전 기술과 AI 기술에 더하여 지도 검색 서비스와 본체 운영체계(OS) 등 소프트웨어 기술을 살려서 스마트카 개발에 참여한 것이다. 2021년 11월부터 이미 베이징 시내의 도로 일부에서 유료 자율운전 택시 서비스를 시작하기도 했다. 2030년까지 자율운전 택시를 전국 100개 도시에서 운행하는 것이 목표다. 이 분야에는 바이두, 알리바바, 텐센트 외에도 화웨이, 샤오미(小米) 등 많은 기업이 참여해 치열한 개발 경쟁을 펼치는 중이다. 2025년 현재, 중국의 자율운전 로보택시 서비스는 세계에서 가장 앞선 수준으로 평가받고 있으며, 베이징, 상하이, 광저우 등에서 활발하게 운영되고 있다. 특히 바이두와 합작한 우한 시는 2025년 4월부터 전면적인 무인 택시 서비스로 전환했다. 중국 정부의 강력한 지원과 테크 기업들의 경쟁으로 시장 규모가 급성장하고 있는 것이다. 2030년까지 중국 전역에서 30만 대 이상의 로보택시가 바람처럼 구름처럼 스스로 오고 갈 것으로 예상된다. '구름처럼'이 단순한 수사도 아니다. 이미 드론 기반 에어택시 서비스도 시작되었기 때문이다. 즉 미래의 모빌리티는 지상에서 공중 부양하여 저공을 가른다. 중국의 eVTOL(전기 수직 이착륙 항공기)은 2025년 현재 세계에서 가장 앞선 단계로 상업 운영이 본격화되고 있다. 중국 정부의 '저고도 경제' 정책의 지원으로 이항(EHang), 볼란트에어로테크(Volant Aerotech), 샤오펑(小鵬) 등 기업들이 주도하여 무인 드론 택시가 관광 및 단거리 이동에 활용되고 있는 것이다.

2021년 7월 중국 후난성에서 일어난 폭우 재해에서도 드론이 맹활약했다. 큰비로 기지국이 파괴되어 통신 불능 상태가 되자, 중국 3대 통신사의 하나인 차이나모바일이 대형 드론 이룽(翼龍)을 파견해 공중에서 전파를 공급한 것이다. 피해자와 가족 간의 연락은 물론이요, 원활한 구조 작업을 위해서도 전파를 제공하는 드론의 역할이 혁혁했다. 앞으로 지구촌 곳곳에서 초래될 다양한 기후재난에 디지털 사회가 어떻게 대처할 것인가를 보여주는 상징적인 일화였다고 하겠다.

마지막으로, 이처럼 경제도 사회도 디지털화되면 정부 또한 디지털화가 이루어지지 않을 수 없다. 그간에는 민간의 초가속적인 디지털화에 비해 정부 부문의 전환은 더딘 편이었지만, 앞으로 15년간 정부 관리에 디지털 기술을 폭넓게 응용해 행정 서비스의 효율성과 편리성을 대폭 높이고, 거기서 얻게 되는 빅데이터를 통해 의사결정 능력을 높이겠다는 방침을 세웠다. 스마트 행정 증명서, 계약서, 사인, 인감, 영수증 등 모든 것을 디지털화해 번잡한 행정 절차나 서비스를 인터넷상에서 원스톱으로 완료할 수 있는 환경을 조성하겠다는 것이다. 또한 디지털 평가 시스템을 도입해 질 낮은 행정 서비스도 개선하겠다고 한다.

궁극적으로는 디지털 기술을 이용한 정부의 의사결정 메커니즘을 구축하려고 한다. 빅데이터를 바탕으로 정확한 타이밍에 감시, 예측, 조기 경보 능력 등을 향상시킨다는 것이다. 아울러 이렇게 축적되는 공공 데이터를 공개하고 공유할 방침이다. 인민들 또한 공공기관의 데이터에 접근해 이용할 수 있도록 함으로써 '증거에 기초한 정책 입안'(Evidence-Based Policy Making, EBPM) 능력을 향상시키겠다는 것이다. 21세기의 디지털과 20세기의 사회주의의 결합, 자율적인 의사결정과 최적화된 정책 서비스를 제공하는 멋진 신세계, '수학적 사회주의'를 향해 진화하고 있는 것이다.

기축통화의 패권 경쟁, 글로벌 디지털 화폐

중국은 이미 세계적인 영향력을 행사하는 G2 국가다. 2035년 디지털 차이나로의 진화는 자연스레 전 지구적인 영향을 미칠 수밖에 없다. 중국식 디지털화와 글로벌화가 동시에 진행되는 것이다. 대표적인 사례가 디지털 위안화의 도입이라고 하겠다. 새로운 돈의 역사를 중국이 앞장서서 써가고 있는 것이다.

통화는 늘 역사의 발전과 함께 그 모습이 변화무쌍하게 진화해왔다. 화폐의 역사를 보면 물품에 기초한 상품화폐에서 신용화폐로 진화해왔고, 신용화폐 또한 금속에서 지폐까지 다양한 형태로 유통돼왔다. 다음 차례의 새로운 형태가 바로 디지털 화폐라고 하겠다. 디지털 화폐를 선도한 것은 비트코인일 것이다. 하지만 비트코인과 이더리움 등 가상 자산의 미래에 대한 전망을 두고 여전히 설왕설래 중이다. 그래서 더더욱 주목받고 있는 것이 '중앙은행 디지털 화폐'(Central Bank Digital Currency, CBDC)다. 아주 간단히 말하자면 CBDC는 현금 기능을 디지털화하는 것이라고 하겠다.

디지털 위안화가 세계적 주목을 끄는 배경에는 중국의 경제 발전에 수반되는 위안화의 국제적 위상이 있다. 2016년 국제통화기금(IMF)의 특별인출권(SDR) 통화로 미국 달러, 유럽 유로, 영국 파운드, 일본 엔에 이어 다섯 번째로 국제통화의 지위를 확립했다. 가장 늦게 빅 파이브에 진입한 나라가 가장 먼저 CBDC를 발행하게 된 것이다. 2020년부터 지역을 한정한 디지털 위안화의 실험이 시작되었다. 최초로 인민참여형 실험이 진행된 곳이 선전 시의 뤄후(羅湖) 구였다. 홍콩과 인접한 게이트웨이 도시다. 선정된 5만 명의 선전 시민들에게 1인당 200위안의 디지털 위안화가 지급되었고, 2020년 10월 12~18일 사이에 이 지역의 3389개 점포에서 이용되었다. 선전 시의 성공적인 실험에 이어 2021년 2월에는 수도 베이징에서도 실험이 진행되었다. 중국인민은행이 공표한 〈중국 디지털 위안화 연구개발 추진백서〉에 의하면, 2021년 6월까지 시험 운영 장소는 총 132만 곳을 넘어 음식점과 소매점, 교통기관 등에서 약 7075만 회, 345억 위안이 이용되었다고 한다.

디지털 위안화는 디지털 경제는 물론 디지털 사회와 디지털 정부로의 진화에도 필수적인 인프라다. 정부에서 개인에게 지급하는 보조금 등에도 편리하게 이용할 수 있기 때문이다. 이미 선전 시에서는 코로나 대응에서 공헌도가 높았던 5000명의 의료 종사자들에게 디지털 위안화로 보너스를 지급하기도 했다. 또 재난 상황에서도 효과적인 교환 수단이 될 수 있다. 예컨대 지진과 홍수 등으로 통신 기지국에 장애가 일어나면 알리페이나 위챗페이도 속수무책 무력화되지만, 디지털 위안화의 결제 디바이스에는 근거리 무선통신(NFC) 기능이 탑재되어 통신 상황에 좌우되지 않고 결제할 수 있는 장점이 크다. 지급인과 수취인 쌍방의 스마트폰을 터치하는 것만으로도 거래가 가능하기 때문이다.

베이징, 상하이, 선전 등 대도시에서는 외국인도 국적에 상관없이 디지털 위안화를 사용할 수 있다. 특히 2022년 2월 동계 올림픽을 계기로 전 세계 여러 나라 사람들이 디지털 위안화를 경험한 바 있다. 즉 위안화의 디지털화와 세계화가 긴밀하게 연동돼 있는 것이다. 장기적으로 보자면 미국이 오래 누려왔던 기축통화 달러에 대한 도전이 시작된 것이라고 하겠다. 요체는 위안화의 국제화를 기존 시장에서 추구하지 않는다는 점이다. 미지의 신대륙이라고 할 수 있는 디지털 공간에서 기축통화의 패권 교체를 추진하고 있는 것이다.

중국은 이미 독자적인 국제결제 시스템 구축에 착수했다. 2021년 2월, 중국인민은행은 홍콩, 태국, 아랍에미리트 등의 중앙은행과 각국의 디지털 통화를 이용한 국제결제를 실험하는 연구를 시작했다. 장기적으로는 G20이나 브릭스 회의 등에서 국제결제 개선에 관한 논의의 주도권을 쥐기 위해 적극적으로 대응하고 있다. 디지털 위안화의 국제송금과 해외 이용이 편리해진다면, 글로벌 사우스의 신흥국을 중심으로 세력을 키워갈 가능성이 적지 않다. 특히 연구개발력이 부족한 나라에서는 디지털 위안화의 시스템을 그대로 자국 통화의 디지털화에 도입할 가능성도 있다. 동일한 시스템을 사용하는 것만으로도 양국의 통화 전환은 한층 원활하게 진행될 것이다. 즉 디지털 위안화가 독자적인 통화권을 형성해갈 수 있는 것이다. 디지털 위안화가 디지털 실크로드와 밀접하게 관련되어 있는 까닭이라고 하겠다.

글로벌 차이나와 디지털 차이나가 합류하는 길목에 바로 일대일로가 자리한다. 일대일로의 온라인 프로젝트가 바로 디지털 실크로드다. 동양과 서양을, 북반구와 남반구를, 가상의 공간에서 사통팔달 연결하고 있는 미래의 비단길을 탐방해보기로 한다.

디지털 실크로드,
실리콘 시티로드

실크, 실버, 실리콘

길을 만드는 자, 세상을 길들인다. 사람과 사물과 정보가 오고 가는 새 길을 여는 것이 곧 새로운 세상을 얻는 길이다. 모든 길이 로마로 통할 때, 로마제국은 서방을 호령했다. 모든 길이 장안으로 이어질 때, 대당제국은 동방을 지배했다. 동방이 여전히 서방을 앞서가던 시절이다. 비단과 도자기 등 최첨단 테크놀로지에서 동/서의 비교를 허락하지 않았다. 비단이 동에서 서로 옮겨가면, 서에서 동으로는 은화가 지급되었다. 실크와 실버의 비대칭적 교환은 아편전쟁 직전까지도 오래 지속되었다. 중국의 고급 상품이 전 세계로 공급되면, 태평양 건너 남아메리카의 은화가 유럽과 인도를 지나 중국까지 흘러들었다. 실크로드와 실버로드 모두 세계의 중심,

중국과 통했던 것이다.

    20세기도 예외는 아니었다. 새 길을 여는 자가 새 세상을 길들였다. 미국이 지난 세기를 장악한 것도 새로운 길을 개척해냈기 때문이다. 그 상징이 바로 AT&T(American Telecom&Telegraph)다. 1923년 세계 최초로 대서양을 횡단하는 라디오 통신망을 열었다. 1927년에는 또다시 세계 최초로 대서양을 횡단하는 전화도 시작되었다. 1930년에는 또 한 번 세계 최초로 쌍방향 비디오폰을 선보였다. 통신제국, 정보제국으로서 미국이 부상하는 근간이 되었던 것이다. 소련과 경합하던 냉전기에도 AT&T의 활약은 도드라졌다. "커뮤니케이션은 곧 민주주의의 토대다"(Communication is the foundation of democracy)라는 언명은 AT&T의 사명이자 대미제국이 온 누리에 설파하는 복음이기도 했다.

    강철과 석유와 핵무기로 중무장하고 세계를 경영했던 소련이 미국과의 경쟁에서 뒤처진 것도 연결망이 뒤떨어졌기 때문이다. 소련의 컴퓨터는 미국에 견주어 20년 이상의 격차를 보였다. 다가오는 정보화 시대에 한참이나 밀린 것이다. 사뿐하고 가뿐한 정보제국으로 진화해가는 미국에 비하여 소련은 느리고 무겁고 더디었다. 냉전의 승부가 갈렸던 1989년에 베를린 장벽이 무너지고 월드와이드웹(WWW)이 발진했음은 그래서 퍽이나 상징적이다. 21세기 디지털/글로벌 커뮤니케이션의 시발이 되었던 월드와이드웹 역시 미국에서 비롯되었던 것이다. 전 세계의 거의 모든 컴퓨터에 마이크로소프트의 윈도(Window)가 깔리며 세상과 소통하는 창이 되었고, 전 지구의 모든 지식과 정보가 구글에 결집되었다. 즉 20세기 전체를 망라하여 미국이 슈퍼파워로 군림할 수 있었던 근간 또한 커뮤니케이션 제국의 허브로서 우뚝했기 때문이다. 미래의 길을 앞장서서 개발하고 개척했던 것이다.

그 100년간의 통신·정보 패권에 균열이 가고 있다. 2016년, 22세기를 준비하는 대륙 간 양자통신을 세계 최초로 성공시킨 나라가 중국이다. 2017년에는 중국이 세계 최초로 (원리적으로) 해킹이 불가능한 전례 없는 네트워크의 신세계를 구축했다. 2018년 미래의 통신을 주도할 5G를 세계 최초로 선보인 기업 또한 중국의 화웨이다. 같은 해에 중국의 헝퉁(亨通)그룹은 해저 깊은 곳에서 1만 킬로미터에 달하는 광섬유 케이블을 깔았다. 세계의 데이터가 오고 가는, 서로의 정보를 주고받는 새 길을 중국이 앞장서서 열어내고 있다.

중국이 인터넷에 처음 접속한 해가 1994년이었음을 상기한다면 불과 20년 남짓 만에 입지가 전혀 달라진 것이다. 고객에서 공급자로 입장이 바뀌었다. 모방하는 추격자에서 창조하는 선도자로 위상이 변모했다. 시진핑 주석의 비전이 커뮤니케이션 제국으로서 중국의 미래를 상징한다. '2025년까지 제조 강국, 2035년까지 기술 표준화, 2049년까지 '테크노 슈퍼파워'를 달성하겠다는 것이다.

　　의사소통은 의사결정의 근간이다. 소통을 장악하면 결정을 좌우할 수 있다. 커뮤니케이션과 헤게모니가 직결되는 까닭이다. 미국도 그러했다. 핵무기 개발부터 미사일 조기 경보 체계 마련, 미군의 비밀 커뮤니케이션 네트워크 구축 등 국가 안보 프로젝트와 세계 경영 전략 수립에 AT&T와의 협력이 긴밀했다. 21세기의 정보제국을 도모하는 중화인민공화국도 디지털 기업들과의 찰떡 공조 속에서 진화를 거듭하고 있다. 즉 중국 내부의 디지털 인프라 건설에 그치지 않는 것이다. 일대일로를 통해 해외로 확산시키려는 의지가 확고하다. 국내적으로는 기술 독립을 지향하고, 국제적으로는 미래 시장을 개척하는 것이다. 이른바 '디지털 실크로드'를 만들어가고 있다. 미국이 실리콘밸리를 만들었다면, 중국은 실리콘월드를 형성해가겠다는 뜻이다. 이미 오대양 육대주를 망라하여 중국산 디지털 커뮤니케이션 네트워크가 촘촘하게 지구를 엮어가고 있다.

　　5G를 주도하고 6G를 선도하고 있는 화웨이는 전 세계 170개 이상의 국가에 디지털 디바이스를 공급한다. 전 세계의 모든 도시와 모든 거리와 모든 건물에 장착되고 있는 CCTV의 40퍼센트 이상도 중국의 하이크비전(Hikvision, 海康威視)과 다화(大華)가

제공하고 있다. 대륙 간 해저 광섬유 케이블을 까는 헝퉁그룹은 세계 정보 연결망의 15퍼센트를 책임진다. 남아시아의 파키스탄과 동아프리카의 지부티 사이의 해저 케이블도 중국이 만들어서 아시아-아프리카를 디지털로 연결하고 있다. 그리스의 항구 도시 피레에프스에도 화웨이의 통신 장비가 설치되어 크루즈 여행부터 항만 운영까지 주도하고 있는바, 인도양 연결망을 유럽까지 확산시키는 허브 역할도 하고 있다. 중국의 3대 통신 기업인 차이나모바일, 차이나유니콤, 차이나텔레콤 또한 아시아-아프리카-남아메리카 시장을 주도하고 있다. 중국이 개발한 위성항공 시스템 베이더우도 세계의 수도 165개를 연결하며 미국의 GPS를 능가한 지 오래다. 심우주부터 심해까지 펼쳐지고 있는 이 디지털 신경망이 모두 중국이 추구하고 있는 디지털 실크로드의 일부인 것이다.

    즉 일대일로는 고속도로와 고속철도 등 산업 문명의 전통적인 인프라 건설에 그치는 프로젝트가 아니다. 오프라인에 온라인을 결합해 디지털 인프라까지 패키지로 공급하는 것이다. 길을 내면 길들일 수 있다. 사람과 사람, 사물과 사물, 도시와 도시, 나라와 나라, 모든 정보와 지식과 데이터의 오고 감의 중심에 다시 중국을 자리매김하겠다는 것이다. 1990년대 실리콘밸리의 부상 이후 빅테크 기업들이 창출한 가치의 70퍼센트 이상이 네트워크 효과로 발생한 것으로 추정된다. 그 전 지구적 네트워크의 새로운 공급자로 중국이 부상하는 것이다. 지구의 모든 데이터가 중국으로 흘러가는 디지털 차이나의 굴기다. 따라서 작금 미·중 간 패권 경쟁의 본질은 무역 전쟁도 신냉전도 아니다. 내일의 정보를 선점하기 위한, 뜨겁고 치열한 네트워크 전쟁이라고 하겠다.

그리고 그 정보전의 승부처는 미래의 도시 건설이 될 공산이 높다. 애플이 상징하는바, 스마트폰은 미국이 주도했다. 테슬라가 웅변하는바, 스마트카도 미국이 선도했다. 그러나 스마트폰도 스마트카도 스마트 문명으로 가는 시발이었을 뿐이다. 폰과 카 다음은 홈(Home)과 시티(City)다. 누가 스마트홈과 스마트시티를 선도하면서 스마트 스테이트와 스마트월드를 건설해내느냐가 관건이다. 디지털 실크로드의 승부수도 바로 여기에 있다. 실리콘 시티로드를 통하여 스마트월드로 가는 새 길을 열어가겠다는 것이다.

스마트시티 네트워크:
시티브레인, 넷시티, 스마트-그린 시티

국가가 사회문제를 설정하면 규제를 완화하고, 민간이 참여하는 방식으로 시장을 창출하며 해결해간다는 것이 중국 특유의 민/관 합작 방식이다. 이는 스마트시티 건설에서도 그대로 드러난다. 출발은 항저우였다. 2015년 통계로 항저우는 중국에서 다섯 번째,

세계에서는 서른 번째로 교통 체증이 심한 도시였다. 시 정부는 이 난제를 해결하기 위해 항저우에 본사를 둔 알리바바와 협력하기로 결정한다. 그래서 시작된 프로젝트가 '시티브레인'이다. 처음에는 시내 한 구역의 정류장과 신호등에 설치한 수천 대의 카메라 정보를 수합하는 클라우드 컴퓨팅으로 최적의 솔루션을 도출하는 실험을 전개했다. 보행자부터 교통수단까지 다양한 소스에서 다양한 시각 이미지 정보를 융합하여 최적의 솔루션을 도출해내는 것이다. 로드 네트워크의 대규모 데이터를 분석하고 예측하고 지능적으로 개입한다.

첫해부터 평균 교통 속도가 15퍼센트나 향상되는 성과를 거두자 2017년에는 시 전체에 시티브레인을 도입한다. 시티브레인은 92퍼센트의 인지 정확도를 자랑하며, 구급차와 소방차 등에도 최적화된 루트를 제공함으로써 50퍼센트 속도 향상이라는 쾌거를 이루었다. 평균 도착 시간을 7분 이상 단축시키며 수많은 인명을 구하는 실질적인 효과를 거둔 것이다. 지하철 입구와 출구를 드나드는 사람들의 수도 예측하여 쾌적한 이동 환경도 제공한다. 도로의 주행 속도 개선은 물론이요, 교통사고에도 민첩하게 대응할 수 있었으며, 불법 주차까지 실시간으로 추적이 가능해진 것이다.

지상의 교통망이 원활해지는 효과를 거두면서 하늘길에도 시티브레인이 적용되기 시작했다. 항저우의 샤오산(蕭山)국제공항에도 탑재되어 공항의 모든 업무를 지능화한 것이다. 비행기의 출발과 도착을 지능적으로 관리함은 물론이요, 연료 주입과 기체 유지 및 수리에도 활용하기 시작했다. 짐 운반부터 기내식까지 관리 대상을 점차 넓혀가면서 항저우의 국제공항은 세계에서 가장 효율적이고 안전한 공항으로 평가받기에 이른다. 공항에서부터 고속철도와 시내 교통까지 통합해 총괄적으로 관리하는 스마트 시스템을 만들어낸 것이다.

　이후 시티브레인은 메디컬을 포함한 도시 거버넌스 전역으로 적용 범위를 넓혀갔다. 도시를 구성하는 모든 인프라에 지능적인 스프트웨어를 장착하면서 모든 것과 모든 곳이 실시간으로 연결되는 것이다. 모든 순간에 모든 데이터가 시티브레인으로 집결되면서 모든 일에 대한 최상의 방안을 최단 시간에 도출할 수 있었다. 치안과 건설, 에너지와 물 공급, 법률 집행, 복지와 교육, 도시 계획과 경영에 이르기까지, 빅데이터와 AI에 의한 초지능적 의사결정이 항저우 시의 행정 전반에 긴밀하게 결합한 것이다. 기업과 정부가 합작하는, 세계에서 가장 큰 공공 AI 프로젝트로 진화한 것이다. CVIE(City Visual Intelligence Engine, 도시시각정보엔진)는 알리바바 클라우드를 통한 분산 컴퓨팅과 저장 플랫폼을 의미한다. 광범위한 비디오 이미지와 컴퓨터 그래픽 처리, 딥러닝 알고리즘을 통해 도시 규모의 AI 모델을 창조해냈다. 결국 시티브레인은 미래 도시를 위한 새로운 인프라 건설과 새로운 거버넌스의 전형을 보여주고 있다. 인간/인민이 제공하는 대규모 데이터에 기초해 슈퍼컴퓨터가 알고리즘을 통하여 도시 시스템을 최상의 상태로 유지하는 피드백이 계속된다.

항저우에서 시작한 시티브레인은 쑤저우, 상하이, 마카오 등 중국 곳곳으로 확산해갔다. 일대일로를 따라 처음으로 나라 밖에 적용된 곳이 알리바바의 데이터센터가 들어선 말레이시아 쿠알라룸푸르다. AI와 빅데이터를 통한 도시 경영과 디지털 정부의 효율성 증대 및 혁신을 위해 시티브레인 도입을 결정한 것이다. 실시간 데이터 분석으로 향상된 예측 능력과 효율적인 의사결정에 공헌할 것을 기대한다. 현재 쿠알라룸푸르에서 시티브레인은 교통은 물론이요 기업과 스타트업, 대학, 연구소 등이 협력하는 말레이시아의 혁신 플랫폼으로 기능하고 있다. 시티브레인의 OS가 적용되면 일대일로에 자리한 다양한 도시가 스마트시티로 진화해갈 수 있을 것이다. 그 스마트시티들 사이의 연결망이 촘촘해지면 진화의 속도 또한 더더욱 빨라질 것이다. 초가속적 기술 생태계가 전 지구적으로 형성될 수도 있다.

알리바바가 기존의 도시 거버넌스를 향상시키는 소프트웨어를 구축했다면, 라이벌인 텐센트는 아예 하드웨어까지 통으로 장착한 미래 도시 자체를 만들어내기로 했다. 하드웨어와 소프트웨어가 긴밀하게 통합된 유기적 도시 생태계를 직접 설계해보겠다는 것이다. 알리바바가 항저우를 상징한다면, 텐센트는 선전의 대표주자다. 텐센트는 본사를 아예 미래 도시로 건설함으로써 선전의 초지능화에 일조하기로 결정했다. 텐센트가 만드는 8만 명 규모의 미래 도시가 바로 넷시티(Net City)다. 뉴욕 맨해튼의 미드타운 정도로 모나코와 비슷한 크기다. 그러나 작지만 아름답다. 작지만 스마트하다. 그래서 작음에도 스트롱하다. 그래야 작아도 지속 가능하다. 1000만 대도시 선전의 경쟁력에 못지않은 미래형 강소 도시를 만들고 있는 것이다.

　핵심 개념은 자동차 없는 도시다. 자율교통과 자전거·보행자 중심으로 설계한다. 사람과 환경이 중심이 되는 기술로 만든 생태 도시다. 테크놀로지를 통해 에콜로지를 달성하는 것이다. 응당 주거 지역, 상업 지역, 업무 지역 등이 구역화되지 않는다. 상점도 학교도 병원도 공연장도, 이 넷시티에 만들어질 모든 건물과 사물과 사람도 위챗으로 연결될 것인바, 만인과 만물과 만사가 실시간으로 연결되는 미래의 도시다. 사회적 생산력이 생태적 생명력으로 승화하는 공간으로 디자인하고 있다. 프랑스 파리가 자랑하는 '15분 도시'로도 족하지 못한다. 넷시티는 단 2분으로 모든 것을 연결하겠다는 포부를 담았다. 넷시티 어느 곳에서도 2분만 걸으면 모든 교통망과 연결되게 설계한다. 그리고 2분만 걸으면 자연과도 연결되게 만들어진다. 그리고 2분만 걸으면 낯선 동료와의 우연한 만남이 가능해지면서 창의성이 창발하도록 공간을 디자인하고 있다. 출근과 퇴근, 일과 놀이의 경계가 흐려지며 삶의 다양한 부분이 창조적으로 연결되도록 고안하고 있는 것이다.

산업 문명처럼 인간의 생산력과 자연의 생명력이 상충하는 것이 아니라, 생명과 생산이 상호 진화하도록 설계된 넷시티의 모든 건물 루프탑에는 태양광 패널과 빗물 저장소와 재활용 시설이 장착된다. 건물 하나 하나가 지속 가능한 설계와 순환경제를 달성함으로써 도시 전체의 생명력을 제고하는 것이다. 20세기의 건물에 내진 설계가 들어간 것처럼, 넷시티에 들어설 건물에는 해수면 상승에 따라 탄력적으로 대응할 수 있는 설계도 장착된다. 넷시티 전체가 기후변화에 적응하며 진화해갈 수 있는 유사 유기체적 도시로 만들어지는 것이다. 넷시티의 '넷'의 의미는 실로 다층적이다. 일과 놀이를, 사람과 사람을, 사람과 자연을, 사람과 사물을 생생하고 활활하게 연결해낸다. 가장 새로운 테크놀로지를 통해 가장 오래된 에콜로지를 구현한다. 넷시티의 설계에 영감을 주고 있는 생태계가 바로 맹그로브 숲이기 때문이다.

맹그로브 숲은 열대에서 아열대 지역의 습지에 형성되는 삼림의 일종이다. 동남아시아, 남태평양, 호주, 인도 근해, 아프리카, 아메리카 등 대륙과 대양이, 바다와 육지가, 물과 뭍이 만나는 간

석지에 형성된다. 간석지는 하천 상류나 바다에서 흘러 들어온 유기물이 모여 분해되는 생산력=생명력이 매우 큰 환경으로, 다양한 생물의 보금자리가 되어준다. 맹그로브에서 밀생하는 수목은 매우 인상적인 호흡뿌리를 발달시킴으로써 표면 구조가 복잡하게 되어 많은 동물에게 숨을 곳을 제공하고, 그 줄기에는 이끼나 지의류가 번식하게 된다. 그래서 갑각류, 조개류, 어류는 물론이요 포유류나 조류, 곤충류도 서식할 수 있는 독자적인 환경을 만들어내는 것이다. 텐센트의 넷시티가 지향하는 바가 테크놀로지로 구축된 맹그로브-시티다. 디지털 맹그로브 숲에서 만인과 만물이 공생하며, 생산력과 생활력과 생명력이 공진화하는 미래형 강소 도시를 실험하는 것이다. '숲은 생각한다'고 한다. 앞으로는 디지털 포레스트, 도시도 생각하게 된다.

알리바바의 시티브레인과 텐센트의 넷시티가 합류하는 곳도 있다. 알리바바와 텐센트는 물론이요, 중국의 3대 통신사인 차이나모바일, 차이나유니콤, 차이나텔레콤이 동참하는 곳이기도 하다. 세계 최초로 오로지 5G로만 작동하는 도시이자, 세계 최초로 블록체인으로 운영되는 도시이며, 세계 최초로 재생 에너지로만 가동되는 도시이기도 하다. 이렇듯 세계 최고의 스마트-그린 시티를 표방하며 만들어지고 있는 미래 신도시가 바로 슝안신구(雄安新區)다. 덩샤오핑의 개혁개방을 상징하는 도시가 선전이었다면, 슝안은 시진핑 시대를 대표하는 미래 도시가 될 것이다. 시진핑 주석이 주창하고 있는 양대 미래 문명이 바로 이 도시에서 합류하기 때문이다. 첫째가 생태 문명이요 둘째가 디지털 문명인바, 이 둘이 조화를 이루어 만개하는 미래 문명의 정수를 슝안에서 구현해내는 것이다. 도시의 70퍼센트가 녹지로 구성되며, 30퍼센트의 주거지는 디지털 문명의 총아로 운영된다.

    2017년 4월 1일, 시진핑 주석이 직접 발표한 슝안신구의 비전은 네 마디로 요약된다. '글로벌한 비전, 국제적인 표준, 중국적인 특성, 미래지향적인 목표'다. 중국에서 가장 먼저 21세기를 상징할 수 있는 미래 도시를 만들어내겠다는 것이다. 장차 200만 명 규모의 스마트-그린 시티를 지향한다. 세계 최고의 인재들이 함께 살아가는 글로벌 시티를 추구한다. 하늘과 땅과 사람이 합일하고, 에콜로지와 테크놀로지가 합류하며, 중국과 세계가 합심하는 '21세기의 장안'을 모색하는 것이다. 장안(長安)은 북방의 유목 문명과 중원의 농경 문명을 결합시키고, 유라시아의 동과 서를 잇는 연결망의 허브였다. 그래서 동서남북의 모든 길이 장안으로 통하는 대당제국의 영광을 오래 구가했던 것이다. 슝안은 명명백백 장안을 역사의 거울이자 미래의 영감으로 삼는다. 새천년을 다짐하는 세기의 프로젝트로, 중화민족의 위대한 부흥을 상징하는 미래 도시가 될 것이다. 또한 슝안은 임박한 기후재난 시대에 인류가 직면한 문명적 위기에 대한 중국식 응전이자, 세계에 제출하는 토털 솔루션의 응집이라고 할 수 있다. 슝안의 성패를 통해 우리는 중국의 미래를, 세계의 미래를, 인류의 미래를 미루어 짐작해볼 수도 있을 것이다.

디지털 시티로드, 새로운 제국의 탄생

20세기 정보제국의 허브 AT&T 본사는 뉴욕에 자리했다. 뉴욕의 본래 이름은 뉴 암스테르담, 신대륙의 새로운 암스테르담을 꿈꾸는 곳이었다. 구대륙의 암스테르담은 자본주의 제도를 발명한 곳이었다. 은행과 보험과 주식 등 근대 자본주의의 초석이 되는 금융 제도를 설계한 곳이며, 근대 자본주의의 핵심 주체라고 할 수 있는 기업의 원조로 동인도회사가 발족한 곳이기도 하다. 신대륙의 뉴 암스테르담은 구대륙의 온갖 구세력의 압박 없이 오로지 기업과 금융을 위한 신세계를 만들고자 했다. 기업을 위한 미래 도시, 금융을 위한 미래 도시, 대중을 위한 미래 도시로 오늘날의 뉴욕이 설계된 것이다. 한마디로 산업 문명에 최적화된 신도시가 창조된 것이다. 산업 문명의 최첨단을 달리는 미래 도시를 확보함으로써 미국은 20세기를 석권할 수 있었다. 20세기에 만들어진 전 세계의 거의 모든 도시가 뉴욕을 선망하고 모방했다.

뉴욕이 상징하는 대도시가 21세기에도 지속되기는 어려울 것 같다. 오늘날 40억 인구가 도시에서 살아가고 있고, 앞으로 100억 인구의 3분의 2가 도시에서 살아갈 것으로 예상된다. 즉 앞으로 30억 이상이 살아갈 새로운 도시를 만들어야 한다는 뜻이다. 20세기 산업 문명에 최적화된 도시 모델을 더는 적용할 수 없는 것이다. 교통, 에너지, 쓰레기 등 인류가 경험하고 있는 온갖 사회적 문제의 근원에 도시화가 자리하고 있기 때문이다. 기후재난에도 직접적인 영향을 미쳐왔고, 앞으로는 직접적인 영향을 받기도 할 것이다. 그래서 산업 문명 이후의 새로운 미래 도시를 창안해야 한다. 그 미래의 신문명 도시를 가장 먼저 창조하는 나라가 21세기를 손에 쥐게 될 것이다.

세계 두 번째의 인구대국으로서 도시화의 압박이 가장 큰 나라가 중국이다. 그만큼 사활적으로 미래형 스마트시티 건설에 국가의 명운을 걸고 있다. 데이터 공유 기술, 사물인터넷, AI 거버넌스 등 가용할 수 있는 모든 디지털 인프라와 스마트 그리드를 총동원해 온실가스 배출을 최소화하고, 에너지 효율을 극대화하며, 인민의 삶의 질을 높여야 한다. 즉 우리는 농업 문명 도시와 산업 문명 도시를 지나, 새롭게 도래하는 미래 문명 도시의 여명기를 살고 있다. 디지털 문명의 결정판도 결국 도시에서 판가름 날 것이다. 스마트폰과 스마트카는 전반전이었을 뿐이다. 스마트홈과 스마트시티로 만들어지는 스마트 스테이트가 등장할 것이며, 그 스마트한 국가가 주도하여 스마트한 뉴 월드, 스마트월드를 이끌고 갈 것이다.

중국이 표방하는 2035년 미래 도시의 핵심 개념은 셋이다. 첫째가 그린(Green)이요, 둘째가 인텔리전트(Intelligent)이며, 셋째가 라이어블(Liable)이다. 지능적이고 생태적이어야 만인의 삶을 책임질 수 있다. 디지털 문명과 생태 문명이 결합되어야 살아갈 만한 도시, 살림-도시가 된다는 것이다. 즉 미래 도시는 더 이상 도로와 수로 등 뼈대와 혈관으로만 만들어지지 않는다. 뇌와 척수와 신경망으로 연결된 신체에 가까워질 것이다. 지구 위 인류의 문명이 비로소 생명체에 유사해지는 것이다. 자연을 거스르며 출발한 인류의 문명이 끝내 자연에 근접하는 새로운 단계로 접어드는 것이다. 그때의 '신자연'이란 기왕의 무위자연이 아닐 것이다. 지질권과 생물권과 인간권과 기술권이 통합된, 지구사의 새로운 생태계로 진입하는 것이기 때문이다. 심지어 그 인공 생태계는 실물 세계와는 별개의 가상 세계마저 거울상으로 확보하게 될 것이다. 두 개의 새로운 세상이 0과 1의 조합으로 창조되는 것이다. 우리는 말 그대로 '세계 2.0', 빅뱅 이후의 딥뱅, 디지털 창세기를 경험하고 있다. 그리고 이 디지털 창세기의 터전이 될 미래 도시 또한 단지 살기 좋은 도시라기보다는 '살아 있는 도시'에 가까울 것이다. 도시 자체가 대지와 대기와 대양의 흐름에 실시간으로 반응하고 대응하고 적응해가는 또 하나의 생명체가 되어가는 것이다.

　이 살아 있는 미래 도시는 중국이 구축하고 있는 일대일로를 따라 전 지구로 확산해갈 것이다. 마침 중국이 주도하고 있는 스마트 인프라는 신흥 시장에 집중되어 있다. 앞으로 25년, 2050년까지 인구 성장의 절반 이상이 아프리카에서 일어날 것이다. 그 아프리카에 깔려 있는 4G 네트워크의 70퍼센트 이상이 화웨이다. 5G는 거의 100퍼센트 화웨이라고 해도 지나치지 않다. 에티오피아의 수도 아디스아바바에 지어진 아프리카연합(AU) 본부 건물도 중국이 투자하고 건설한 것이다. 정보와 통신 인프라까지 온라인-오프라인 테크놀로지가 결합된 완성체를 공급한 것이다. 아프리카의 스마트 통합을 중국이 후견하는 셈이다. 즉 아프리카의 동서남북으로 흘러 다니는 정보와 지식과 데이터가 중국이 깔아준 길 위에서 오고 간다. 말과 말이 오고 가는 커뮤니케이션에서 돈과 돈을 주고받는 파이낸스까지, 중국의 길 위에서 작동하게 되는 것이다. 동아프리카의 나이지리아와 동유럽의 벨라루스가 중국의 인공위성으로 연결되고, 중국이 만든 파키스탄-지부티 해저 케이블을 통해 아시아와 아프리카가 디지털 세계에서 접속한다.

　즉 중국의 디지털 일대일로는 새로운 제국의 탄생으로 가는 길이기도 하다. 그러나 19세기 영국처럼 세계의 절반을 식민지로 만들지도 않는다. 20세기 미국처럼 세계 도처에 군사 기지를 건설해 경영하지도 않는다. 스마트 인프라를 보급하고 스마트시티를 공급하면서, 무력 행사와 군사력 투입 없이도 지능적으로, 노회하게 미래의 권력을 행사하는 것이다. 전 지구에 눈과 귀를 장착한 네트워크를 장악하면서 탈영토화된 미래형 제국으로 거듭나는 것이다.

스마트 시티로드의 금융과 에너지 등 모든 정보는 빅어스데이터(Big Earth Data)로 수합되고 융합될 것이다. 남아메리카 아마존에서 작동하는 트랙터의 에너지 소비까지 실시간으로 파악될 것이다. 이처럼 모든 곳과 모든 것의 데이터가 추적되고 축적되면 미래를 예측(Deep Earth Decision)할 수 있게 된다. 다가오는 재난에 조기 경보를 알리고 초기 대응 체계도 구축할 수 있게 된다. 즉 미리 보고 앞서 행동하는 선견지명(先見之明)이 테크놀로지를 통해 획득되는 것이다. 미래를 가장 앞서 파악하고 미래를 장악하게 되는 것이다.

이러한 미래 세계에서 갑작스러움과 놀라움은 과거의 일이 될 것이다. 예측 밖의 사태 또한 사라져갈 것이다. 말 그대로 스스로 그러한, '자연'스러운 세상이 될 것이다. 20세기의 자동화와 21세기의 자율화의 궁극적 도달점이 새로운 자연 세계가 되는 것이다. 그리고 인간은 비로소 자유로워질 것이다. 이 새로운 테크노-네이처로 작동하는 새로운 행성에서는 새로운 계획경제도 가동할 수 있을 것 같기 때문이다. 20세기의 계획경제가 실패한 것은 일국 단위로 쪼개진 데다가 그 한 나라 안의 정보와 데이터 또한 온전히 파악할 수 없었기 때문이다. 그래서 '보이지 않는 손'과의 경쟁에서 무참하게 패배했던 것이다. 그러나 21세기에는 전 지구적으로 모든 이와 모든 것과 모든 곳의 모든 때를 투명하게 바라볼 수 있게 된다. 홀 어스와 홀 이코노미, 전 지구적 한살림의 가능성이 무궁하게 열리고 있다.

그 살아 움직이는 '디지털 플래닛', 빅데이터로 맥동이 뛰는 '가이아 2.0'의 허브이자 심장으로 테크노-차이나가 진화하고 있다. 오늘날 중국의 역설이 바로 여기에 있다. 오래된 새 길을 따라와 보니 전혀 새로운 모습의 옛 세계가 울울하게 펼쳐지고 있는 것이다. 2049년의 멋진 신세계, 스마트월드에 당도하신 걸 환영한다.

에필로그

디지털 동방, 테콜로지의 시대

인해전술: 데이터의 바다

2018년 글로벌 R&D 비중에서 미국은 28퍼센트, 중국은 26퍼센트를 차지했다. 훗날 역사가들은 미국이 연구개발과 혁신을 주도했던 마지막 해로 기록할지도 모른다. 2019년에 미·중 간 역전이 일어났기 때문이다. 세계 R&D의 선도국으로 중국이 등장한 것이다. 아편전쟁 이래 200년, 21세기의 대반전과 대격변을 예고하는 선행 지표라고 하겠다.

바로 이듬해에 코로나 팬데믹이 발생한다. 그리고 한·중 수교 33년을 맞이하는 2025년까지 5년 가까이 양국 사이에 인적 교류가 거의 없다시피 한 예외적인 경험을 하고 있다. 그 왕래의 부재 속에서 R&D 선진국 중국은 전속력으로 초가속적으로 디지털 대전환을 이루어냈다. 포스트-코로나, 뉴 노멀을 가장 먼저, 가장 널리 달성한 나라로 환골탈태한 것이다. 그러나 정작 한국에서는 중국을 두고 딴소리와 흰소리가 부쩍 더 심해졌다. 현장감의 부재와 현실 감각의 상실 속에서 중국의 변화 속도를 좀처럼 따라가지 못하는, 인식의 지체 현상이 만연한 것이다. 미국의 화웨이 제재에 대한 소식은 들어보았어도, 그 제재 3년 동안의 절치부심 끝에 독자적인 반도체 생태계를 만들어낸 화웨이의 재기에 대해서는 익숙하지 못하다.

지난 30여 년 중국은 세계에서 가장 큰 변화를 경험한 나라였고, 이웃 나라인 한국은 그 수혜를 가장 많이 받은 나라 가운데 하나였다. 1998년 아시아 금융위기와 2008년 세계 금융위기를 거치면서도 공식적인 선진국으로 인정받은 2021년까지 탈냉전기 한국의 성장과 발전의 주요 엔진이 중국 시장에 있었음은 누구도 부인하기 힘들 것이다. 그리고 앞으로 30년 중국의 변화 속도는 더욱 빨라질 것이고, 변화의 폭 또한 더더욱 넓고 깊어질 것이다. 데이터야말로 미래의 변화를 추동하는 핵심 자원이기 때문이다.

14억 인구의 중국이 3억 5000의 미국보다 월등히 앞서는 데이터를 확보하게 된다. 그래서 미·중 간의 기술패권 경쟁에서 미국이야말로 해외 시장에서 승부를 걸어야 하는 처지에 놓이게 되었다. 미국이 서둘러 고색창연한 냉전기의 서방 진영을 재규합하는 일에 안달하는 속사정이라고 하겠다. 하지만 유럽과 일본, 한국, 호주, 뉴질랜드를 합해도 중국 한 나라의 인구에도 비할 바가 못 된다. 나아가 더욱 의미심장한 것은, 앞으로 인구가 증가하게 될 미래 시장일수록 중국이 선점을 넘어 독점에 가까운 지위를 이미 누리고 있다는 점이다.

2025년 현재 인구가 가장 많은 나라는 인도다. 2023년에 중국을 추월해 거의 15억에 육박한다. 그리고 앞으로 인구가 가장 많을 종교는 이슬람으로, 약 20억에 이를 것으로 추정된다. 또 앞으로 인구가 많이 증가할 대륙으로는 아프리카가 꼽힌다. 즉 아시아부터 아프리카까지 구대륙과 구세계에서 빅데이터의 바다가 활짝 열리는 것이다. 제2의 대항해 시대, 디지털 대항해 시대가 개막되고 있다고 하겠다. 2030년이 되면 그동안 '선진국'으로 이야기되었던 글로벌 북반구와 '제3세계'라고 불렸던 글로벌 남반구 간의 총 경제 규모마저도 역전될 것으로 예상된다. 세계 구조의 터닝포인트, 세계 질서의 민주화가 진행되고 있는 것이다.

이후에도 격차가 벌어지는 속도는 갈수록 가팔라질 것이다. 데이터 테크놀로지야말로 '스케일 업'이 중요한바, 데이터를 생산하는 인구 규모가 압도적이고 그 인구의 연결망 또한 촘촘해질 것이기 때문이다. 산업혁명이 야기한 대분기 이래 동/서의 대반전, 남/북의 대반전, 중심/주변의 대반전이 기술혁명과 더불어 증폭된다. 이제야말로 몇몇 강대국(옛 제국주의 국가들, G7)이 주도하는 힘의 논리가 아니라 다수국의 다수결 논리가 적용되는, 빅데이터의 결정권이 커지는 '지구적 민주주의' 시대로 이행하는 것이다.

즉 미래가 만들어지고 있는 땅은 비(非)서방이다. 그리고 그 비서구에서 형성되고 있는 새로운 인프라, 미래의 디지털 신경망의 상당수가 중국에 의해 만들어지고 있다. 미래학자 에이미 웹(Amy Webb)은 저서 《빅 나인》(The Big Nine)에서, 2069년이 되면 150개 국가 이상 네트워크의 중심에 중국이 자리할 것이라고 전망한다. 통신, 무역, 금융 등 세계의 모든 길이 (다시) 중국으로 통할 것이라는 예상이다. 나 또한 동의하는 바이지만, 시점을 너무 늦게 잡았다고 여긴다. 중화인민공화국 건국 100주년이 되는 2049년, 한·중 수교 60주년이 되는 2052년이면 이미 세계 연결망의 허브로 테크노-차이나의 굴기가 일단락되었을 가능성이 매우 높기 때문이다.

그리고 그때가 되면 우리가 지난 200년 동안 학습했던 자본주의, 사회주의, 공산주의, 민주주의 등과는 전혀 차원이 다른 새로운 문명 세계가 펼쳐질 가능성 또한 적지 않다. 공산주의의 몰락과 자본주의의 실패 이후 도래할 불가피한 미래가 예견되는 것이다. 우리는 이제 인류를 여기까지 오게 했던 바로 그 위대한 근대적 사상과 철학을 포기해야만 할 것이다. 익숙한 것들과의 급진적인 작별 속에서만이 미래가 비로소 어렴풋이 열릴 것이기 때문이다. 테크노-차이나의 굴기가 의미심장한 것은 농업 문명과 산업 문명 이후의 새로운 문명이 가장 먼저 자태를 드러내고 있다는 점에 있다. 자연진화의 에콜로지와 인공진화의 테크놀로지가 창조적으로 결합하는 디지털-생태 문명, 테크노-생명 문명의 탄생을 예감케 되는 것이다.

테콜로지: 탈노동의 신새벽, 디지털 원시사회

'제4차 산업혁명'이라는 말은 지난 50년 세계의 시대정신을 선도해왔던 다보스 포럼이 설파하는 새로운 강령이다. 하지만 정확한 말이라고 생각하지 않는다. 지금 우리 인류가 경험하고 있는 변화는 산업혁명의 네 번째 단계라고 갈음하기 어렵기 때문이다. 오히려 앞으로 400년은 더 지속될 디지털 혁명의 첫 번째 국면, 즉 '제1차 디지털 혁명'이라고 명명하는 편이 실상에 더 부합할 것이다.

21세기에는 그동안 인류가 경험했던 역사 가운데 가장 창조적인 파괴가 일어날 것이다. 농업 문명의 지혜와 산업 문명의 지식이 무용해지는 디지털 창세기가 열리고 있기 때문이다. 응당 지난 100년 인류가 헌신해왔던 자유주의, 민주주의, 자본주의, 사회주의 등 기존의 이념과 가치와 체제도 뿌리부터 흔들리고 있다.

농업 문명의 지식 체계인 인문학이나 산업 문명의 지식 체제인 사회과학으로는 도무지 설명되지 않는 신세계가 도래하고 있는 것이다. 따라서 '디지털 자본주의'나 '21세기 민주주의' 등의 작명 또한 진부한 접근 방식이라고 하겠다. 그만큼이나 현재 중국의 진화에 대해서도 기왕의 문사철(문학-역사-철학)이나 정경사(정치-경제-사회)의 틀로 접근해서는 실체를 파악하기 힘들다. 오히려 변화하는 중국을 적확하게 관찰함으로써 새로운 지식 체계를 수립하고 확립해가는 편이 더 합리적일 것이다.

코로나 팬데믹으로 중국에 직접 갈 수는 없었지만, 중국에서 진행되는 학술회의는 더 많이 참관할 수 있었다. 디지털을 통해 실시간 참여가 가능해졌기 때문이다. 지금도 가장 크게 인상을 남긴 웨비나(웹 세미나)가 중국의 정치 개혁에 대한 논의였다. 중국공산당이 다당제를 허용할 생각은 추호도 없다. 다만 다원제를 모색해보는 장이 섰던 것이다. 전국인민대표대회를 양원제로 운영해보자고 한다. 그런데 기존 민주국가의 상/하원 개념이 전혀 아니다. 인간의 의회와 AI 의회로 양분하면 어떨까 하는 파격적인 아이디어였다. 인민을 대의하는 대표들로 구성된 의회와 더불어 인민들의 집합적인 데이터가 가리키는 미래의 방향을 대변하는 AI 의회를 설치하자는 것이다. 더욱 놀라운 것은 그 AI 의회를 하원으로 둘 것인가, 상원으로 삼을 것인가까지 토론이 치열하게 진행되는 장면이었다. 최종적 의사결정권을 인간에게 남기는 것이 옳은 일인지, 아니면 인간의 협의와 합의에 대한 최종적인 판단을 AI에게 맡기는 것이 더 합리적일지 논쟁했던 것이다. 정녕 인민주권론과 사회계약론은 낡은 이론이 되었다. 디지털 신세계에서 살아갈 인간과 활물 사이의 새로운 약속이 필요한 시점이 된 것이다.

즉 20세기의 자동화가 인간을 근력으로부터 해방시켰다면, 21세기의 자율화는 인간을 지력으로부터 해방시키고 있다. 갈수록 의사결정이라는 고유의 방정식에서 인간만의 영역이 잠식되어갈 것이다. 정녕 인간의 욕구가 정치 혁명이 아니라 기술 혁신에 의해서 더욱 잘 충족된다면 어떻게 해야 할 것인가, 본질적인 문제를 제기하는 것이다. 우리는 이미 그러한 미래 사회, 테크노-사회주의의 초입기에 진입해 있는지도 모른다. 이미 구글은 지식과 정보의 가치를 0에 가깝게 수렴시켰다. 우리가 검색을 통해 실시간으로 향유하는 지식과 정보는 한때 인류의 절대다수가 접근조차 가능하지 못했고, 가능하더라도 어마어마한 비용이 필요했던 영역이다. 지식의 공유화, 사회주의화가 진행된 것이다. 스마트폰의 도입 역시 커뮤니케이션의 비용을 점점 0에 가깝게 떨어뜨리고 있다. 의사소통의 가치를 하락시켜 사회주의화하고 있는 셈이다.

사물인터넷과 결합된 AI 또한 교육에 혁명적인 변화를 야기할 것이다. 이미 미네르바대학의 성공이 상징하는바, 수백 년 전통을 자랑하던 명문대학들의 명성을 수년 만에 허물어뜨리고 세계 최고의 혁신대학으로 우뚝 서게 되었다. 캠퍼스도 없이 모든 교육을 온라인으로만 진행하는 이 가상의 대학이 미래 교육을 선도하고 있는 것이다. 근미래에는 모든 학생 개개인에게 최적화된 AI 교수가 점점 무료에 수렴되어가는 저가로 제공될 것이다. 저마다의 능력과 재능과 흥미에 따른 맞춤형 교육 서비스가 보급될 것이다. 주택과 의료, 식량과 에너지, 교통과 교육 등 인간사 세상만사에서 고품질의 최적화 서비스가 점점 더 낮은 비용으로, 궁극적으로는 무상으로 제공되는 신천지가 열리고 있는 것이다. 이 테크노-미래에서 그동안 인간이 수행해왔던 거의 모든 노동은 AI 로봇으로 대체될 것임에 틀림이 없다. 농업 문명 시대의 노예노동이 폐지되어 갔던 것처럼, 산업 문명 시대의 임금노동 또한 폐기 처분될 것이다. '노동의 새벽'을 지나 '탈노동의 신새벽'이 다가오고 있다.

바야흐로 농업혁명 이래 1만 년, 비로소 거의 모든 인류가 노동에서 해방될 것만 같다. 더 많은 시간을 가족과 운동과 여가에 쓰게 될 수도 있을 것이다. 초기에는 엔터테인먼트 비즈니스가 절정을 구가할 공산이 높다. 그러나 120세 인생을 계속하여 놀고먹기도 쉽지 않을 일이다. 궁극적으로는 더욱 원대하고 숭고한 목표를 추구하게 될지 모른다. 오로지 높아지고 오롯이 깊어지는 것만이 지속 가능한 삶을 추동하는 내연기관이 될 수 있기 때문이다. 다른 사람을 돕고, 환경을 보호하고, 어르신들을 보살피고, 영적으로 더 성장하는 일의 가치가 더욱 높아져갈 것이다. 그리고 이러한 '가치 있는 일'에 대한 시간 투입 자체가 데이터를 통해 자동적으로 인정받아 수입으로 되돌아올 수도 있을 것이다. 가치 있는 일을 하면 더더욱 가치 있는 일을 할 수 있는 자원이 자동적으로 확보되는 것이다. 이는 마치 과거 종교인의 삶에 근접해진다는 말이기도 하다. 사람들의 영혼을 어루만지는 일을 하는 것만으로도 지속 가능한 삶의 근간이 마련되었던 것이다.

결국 미래는 완전히 자동화된 사회로 진화해갈 것이다. 완전히 자율화된 미래 사회는 '스스로 그러한' 새로운 자연에 근접하게 될 것이다. 그리고 인간은 진정으로 자유로워질 것이다. 마치 물과 공기와 햇빛이 무상으로 주어져 생태계가 번성했던 것처럼, 기술의 열매를 따 먹으면서 수렵하고 채집하는 디지털 원시사회에 근접해질 것이기 때문이다. 자율로봇으로 만인을 위한 번영이 가능해질 것이며, 글로벌 빈곤은 점차 줄어들 것이다. 의료부터 교통까지 모든 것의 비용이 낮아져 0으로 수렴되어갈 것이다. 0과 1의 음양론이 펼쳐내는 디지털 신세계의 마법이고 마술이라고 하겠다. 살아가는 비용이 거의 필요하지 않은 무상의 세상, 무위의 자연이 펼쳐지는 것이다. 완전히 자동화된 사회에서 의사를 만나는 것은 언제 어디서나 가능해진다. AI 주치의는 병을 치료하는 것도 아니다. 예방의학이 일반화된다. 각자의 몸에 최적화된 의료 서비스를 무상으로 실시간 제공한다. 건강은 달성해야 하는 목표가 아니라 자연스러운 결과가 된다. 환경오염을 복원하는 데에도 AI 로봇이 맹활약할 것이다. 강과 바다와 산 등 지구 곳곳에서 20세기 인류가 만들어낸 온갖 쓰레기를 밤낮을 가리지 않고, 날씨에 구애받지 않고 치우는 AI 로봇 군단의 풍경을 상상해보라.

　이 멋진 신세계의 미래상에 동의하기 힘들 수 있다. 응당 수긍하기도 어려울 수 있다. 그러나 토론해볼 가치는 충분하다. 그리고 그런 토론이 가장 활발하게 펼쳐지고 있는 곳이 바로 현재의 중국이다. 정치 혁명이 아니라 기술 혁신이 추동하는 테크노-사회주의를 향해 박차를 가하고 있는 실험 국가이기 때문이다. 따라서 테크놀로지와 결합된 새로운 에콜로지의 탄생은 정치운동의 성과도 아니요, 경제 이론의 발전도 아니다. 자연스러운 진화의 소산이며 불가피한 미래의 도래다. 22세기의 인류는 테크놀로지와 에콜로지를 분리해서 말하고 생각하지 않을 가능성마저 있다. 지구상에는 오로지 기술과 결합된 생태계, 테콜로지(Tecology)만이 있을 뿐이다. 정녕 지구 진화사의 새로운 단계, 뉴 테라의 뉴 노멀로서 테콜로지의 시대가 열리고 있는 것이다.

디지털 동방: 무위자치, 천하위공

코로나 팬데믹을 계기로 테콜로지를 향해 전력 질주하는 대륙의 중화인민공화국만큼이나, 맞은편 대만의 중화민국 또한 다른 차원의 혁신국가를 실험하고 있었다. 세계 최초의 30대 디지털 장관 오드리 탕이 주도하는 '버추얼 타이완'의 플랫폼 구축이 그것이다.

정치인의 개입 없이도 시민의 참여와 AI의 협력으로 최적화된 정책 솔루션을 도출하는 실험을 진행해보았다. 선출된 지도자의 영향이 없는 직접 민주주의와 디지털 민주주의의 결합으로 이전과는 상이한 참여정치를 구현해본 것이다. 참여정치의 이상이 당원들에게 맹목적으로 복종하고 아부하는 팬덤 정치로 귀결되고만 대의제 민주주의의 한계를 기술적으로 극복해보자는 것이다. 다양한 시민들의 욕구와 요구를 테크놀로지와 데이터로 추적하고 파악함으로써 실시간 거버넌스의 전범을 세웠다고 하겠다. 이 '버추얼 타이완'이 구현한 플랫폼을 통해 시민 교육과 합의 도출이 동시에 가능해지는 민주주의의 진화를 과시한 것이다. 몇 년 주기의 선거로는 도저히 달성할 수 없는 학습과 숙의가 가능함도 입증해 보였다. 이러한 시도가 장착될수록 오늘날 전 세계 거의 모든 나라에서 오작동하고 있는 대의제 민주주의를 대체해갈 가능성도 적지 않을 것 같다. 국회의원과 각 부처의 장관 등 선출직과 임명

직의 상당수도 자동화된 자연스러운 집합적 의사결정을 통해 능히 대체될 수도 있기 때문이다. 산업 문명의 좌/우로 갈렸던 중국과 대만이 각기 상이한 방식으로 디지털 문명을 선도하면서 모색하고 있는 새로운 거버넌스가 흡사한 방향으로 합류하고 있음이 퍽이나 의미심장하다.

실은 좌/우만 합류하고 있는 것이 아니다. 동/서도 융합하고 있다. 디지털 문명의 씨앗을 뿌리고 싹을 틔웠던 실리콘밸리의 탄생부터가 동/서 합작의 소산이었다. 68혁명, 서구의 자본주의와 동구의 공산주의에 공히 반기를 든 당시의 전위세력이 갈구한 정신적 해방구가 바로 동방이었다. 자연과 자유가 반목하지 않고 상생하는 유토피아를 열망했던 히피들이, 무위자연을 설파하는 동방의 세계관을 디지털 기술로 실현해보고자 하는 소망으로 만들어낸 실험구가 바로 오늘날 실리콘밸리의 태동이었던 것이다. 고로 'GO WEST', 캘리포니아를 비롯한 미국 서해안으로의 탈주는 신대륙이 구대륙과 깊게 접속하는 'GO EAST', 아시아와 가장 가까운 땅으로의 질주이기도 했던 것이다. 현재 실리콘밸리의 주민 중 절반에 이르는 비중이 아시아계인 것 또한 결코 우연이 아니라고 하겠다. 실리콘밸리야말로 동방의 도(道)와 서방의 기(器)가 만나는 동도서기(東道西器)의 요람이자 보루였던 것이다.

그 실리콘밸리의 혁신적인 동/서 문명 통합의 실험이 전면적으로, 전방위적으로, 전국적으로 전개되고 있는 장소가 21세기의 중국이다. 실리콘밸리가 아니라 실리콘 스테이트, 실리콘월드라고 할 수도 있다. 서방이 창조해낸 최첨단 테크놀로지를 완전히 학습하여 동방의 이상향을 구현하는 동/서 합작의 신문명 건설에 매진하고 있는 것이다. 인류는 마침내 디지털 신세계와 접속함으로써 농업 문명 시대의 일인 통치와 산업 문명 시대의 다수 정치를 지나 창업 문명 시대의 무위자치(無爲自治) 단계로 이행하고 있다. 일찍이 동방의 현자가 가라사대, 태평성대는 왕이 있는지 없는지도 모르는 세상이라고 하셨다. 만인이 주권자가 되어 정치에 과몰입하는 시대야말로 탄핵이 남발되는 난세였던 것이다. 치세는 만인이 성인(聖人)이 되는 노력을 경주하면서 정작 다스림은 자율적으로 자연스럽게 이루어지는 경지를 의미한다. 디지털 거버넌스를 통하여 동방의 치도(治道)를 완성해내는 것이다.

    진정으로 인류는 협력할 때 가장 강력하고 깨어나고 살아나고 또 효율적이었다. 앞으로 30년, 산업 문명의 업보인 기후재난과 기후재앙이 이 행성의 만국과 만인과 만물에 커다란 영향을 미치게 될 것이다. 천만다행으로 디지털 혁명이 초가속적으로 진행되어 스마트 인프라를 장착할 수 있는 천재일우의 기회가 열리고 있다. '보이지 않는 손'에 맡겼던 시장의 원리를, 투명하게 보이는 데이터에 의해서 경영할 수도 있게 되었다. 이 디지털 혁명과 기후재난이라는 인류가 경험하지 못한 두 가지 현상의 동시적 진행이 지구와 인류의 장기적 미래를 상상하고 설계할 수 있는 예외적인 시기를 허락해주고 있는 것이다.

무위자치의 방법론에 이어서 천하위공(天下爲公)의 가치론까지 주목받게 되는 까닭이라고 하겠다. 다시 한번 동방의 현자가 가라사대, 국가 또한 사사로운 것이라 일컬으셨다. 오로지 천하만이 공적인 것이라고 가르치셨다. 그 천하위공의 지구 경영을 위하여 우리는 장기적인 플래닝(Planning)과 프로그램과 프로젝트를 마련해야 한다. 세대 간 협업과 국가 간 협치와 종(種) 간의 협력까지도 필요할 것이다. 광물과 생물과 인물과 사물과 활물이 하나의 공동체 의식으로 융합하는 테콜로지의 행성 시대가 열리고 있는 것이다. 빅뱅에 버금가는 딥뱅, 그야말로 21세기는 인류의 진화사에서도 획기적인 이정표가 될 것이다.

인류는 이미 지구 행성을 개조할 수 있을 만큼의 능력을 가지게 되었다. 다음 백년, 인류의 지구공학 기술은 예술적 정교함에 근접해갈 것이다. 다른 백년, 우리의 집과 도시 또한 지속 가능하고 회복 탄력적인 유사-유기체로 진화해갈 것이다. 지난 200년 해안가를 중심으로 건설된 대도시에서 살아가던 20억 사람들이 내륙과 산간으로 옮겨 스마트-에코 시티에서 살아가는 대이동과 대이주가 전개되어갈 것이다. 공기 중의 이산화탄소를 포집하는 것은 물론이요, 그 포집된 탄소를 나노튜브 같은 신소재로 개발해 미래 도시 건설에도 활용해갈 것이다. 농업과 식량 공급망도 완전히 자동화될 것이며, 공장에서 길렀던 동물들도 완전히 해방되어 갈 것이다. 단백질은 오로지 실험실에서만 조합되어 나올 것이다. 마침내 인간의 생산력과 지구의 생명력이 상충하지 않고 상생하는 미래의 세계를 상상할 수 있게 되는 것이다. 아니 무엇을 상상하든, 그 이상을 보게 될 것 같다.

　테크노-차이나의 향로를 탐구하다 디지털-이스트(Digital East)의 도래를 목도하며 마침표를 찍게 되었다. 물음표로 시작한 집필을 느낌표로 마무리 짓는다. 저 무궁하고도 무진한 테콜로지의 세기를 두 팔 벌려 한가득 한 아름 환영하면서!

참고문헌

참고문헌

영어

《AI Superpowers: China, Silicon Valley, and the New World Order》, Kai-Fu Lee, Mariner Books, 2021

《Breakneck: China's Quest to Engineer the Future》, Dan Wang, W.W. Norton & Company, 2025

《China Goes Green》, Yifei Li, Polity, 2020

《China's Digital Dreams: Internet Aspirations, Consumer Realities, and the Challenge of Artificial Intelligence》, Simone Bratt, MIT Press, 2022

《China's Next Act: How Sustainability and Technology are Reshaping China's Rise and the World's Future》, Scott M. Moore, Oxford University Press, 2022

《China's Quest for Innovation: The Science and Technology Story》, Johannes Jaeger, Springer, 2023

《China's Techno-warriors: National Security and Strategic Competition from the Nuclear to the Information Age》, Evan A. Feigenbaum, Stanford University Press, 2021

《Red AI: Victories and Warnings from China's Rise in Artificial Intelligence》, Nina Xiang, Abacus, 2023

《The Digital Silk Road: China's Quest to Wire the World and Win the Future》, Jonathan E. Hillman, Profile Books, 2022

《The Innovation Imperative: Technology and U.S.-China Rivalry》, Adam Segal, Brookings Institution Press, 2022

중국어

《中国高科技产业发展报告2023》, 中国高科技产业化研究会, 中国经济出版社, 2023

《中国科技强国之路》, 刘云山, 新华出版社, 2021

《中国科技创新40年》, 科技日报社, 科技日报出版社, 2020

《中国科技创新发展报告2021》, 中国科学技术发展战略研究院, 科学出版社, 2021

《中国科技创新战略2025》, 科技部战略规划司, 科学出版社, 2023

《中国未来科技趋势》, 李彦宏, 中信出版社, 2021

《中国数字经济发展报告2022》, 中国信息通信研究院, 人民邮电出版社, 2022

《中国人工智能发展报告2022》, 中国工程院, 科学出版社, 2022

《中国创新的力量》, 王志刚, 人民出版社, 2022

《智能时代中国人工智能的崛起》, 吴军, 浙江人民出版社, 2021

일본어

《AI大国·中国の真実》, 丸川知雄, 中央公論新社, 2021
《DeepSeek革命—オープンソースAIが世界を変える》, 長野陸, 池田書店, 2025
《内側から見た「AI大国」中国 アメリカとの技術覇権戦争の最前線》, 福田直之, 朝日新聞出版, 2021
《中国AI覇権》, 川島真, NHK出版, 2020
《中国デジタル経済の衝撃》, 渡辺新, 日本経済新聞出版, 2023
《中国テック革命》, 近藤大介, 文藝春秋, 2021
《中国のイノベーション戦略》, 山本正司, 東洋経済新報社, 2022
《中国の宇宙開発戦略》, 佐藤隆, 成山堂書店, 2022
《中国バイオテクノロジー最前線》, 鈴木一, 化学同人, 2023
《中国ハイテク産業の未来》, 松本健太郎, 講談社, 2021

한국어

《딥 차이나》, 박승찬, 클라우드나인, 2022
《딥시크 딥쇼크》, 이벌찬, 미래의창, 2025
《딥시크 이코노미》, 유한나, 광문각출판미디어, 2025
《인공지능 시대, 중국의 혁신》, 이희옥·양철, 성균중국연구소, 2020
《중국 스마트시티 도전과 혁신》, 이창호, 드림워드에스, 2022
《중국이 이긴다》, 정유신, 지식노마드, 2018
《차이나 디퍼런트》, 신형관, 경이로움, 2025
《차이나 쇼크, 한국의 선택》, 한청훤, 사이드웨이, 2022

《차이나 퍼즐》, 전병서, 연합인포맥스북스, 2025

《차이나테크의 역습》, 이철, 경이로움, 2025

〈글로벌 미·중 과학기술 경쟁 지형도〉, 한국과학기술정보연구원(KISTI), 2022

"IT 거물도 달려간다…중국은 지금 '생명과학' 붐[차이나랩]", 〈중앙일보〉 2022.01.03.

"세균 가진 수컷, 암컷 번식 차단", 〈이코노미 인사이트〉(115호) 2019.11.01.